RECVEIL
DES
ARRESTS
RÉMONSTRANCES
ET LETTRES TANT DV
Parlement & Cour des Aydes de Paris,
que du Parlement de Roüen.

ENSEMBLE LE RECVEIL DES ORDONNANCES
& Commiſsions de Meſsieurs les Preuoſt des Marchands & Eſche-
uins de la Ville de Paris, concernant la leuée des Gens de Guerre
& deniers pour leur ſubſiſtance, ſeureté & Police de ladite Ville de
Paris.

DEPVIS LES MOVVEMENS COMMEN-
cez au ſixiéme Ianuier dernier, iuſques à la
Pacification d'iceux.

A PARIS,
Par les Imprimeurs & Libraires ordinaires
du Roy.

M. DC. XLIX.
AVEC PRIVILEGE DE SA MAIESTE.

TABLE DV CONTENV EN CE Recueil.

ē

FIN.

EXTRAICT DES PRIVILEGES
des Imprimeurs ordinaires du Roy.

PAR Arreſt de la Cour du 24. Octobre 1648. donné en conſequence de la Declaration du Roy verifiée en Parlement, Chambre des Comptes, Cour des Aydes, Chaſtelet & Bailliage du Palais, & autres Arreſts confirmatifs, il n'eſt permis qu'à Antoine Eſtienne, Sebaſtien Cramoiſy, Pierre Rocolet, Antoine Vitré, Iacques Dugaſt & Pierre le Petit, Imprimeurs ordinaires de ſa Maieſté, d'imprimer tous les Edits, Declarations, Arreſts & autres expeditions concernans les affaires du Roy portées par ladite Declaration : Et défenſes ſont faites à tous autres Imprimeurs, meſme à ceux ſe diſans pourueus par Breuets, de les imprimer ou contrefaire, ſur peine de faux & de cinq cens liures d'amende : Et en cas de contrauention, la peine de cinq cens liures portée par icelle Declaration dés à preſent encouruë : Et cependant permis de ſaiſir, ſceller ou tranſporter les impreſſions, preſſes & caracteres des contreuenans, nonobſtant leſdits Breuets, & autres oppoſitions quelconques : Et encor tant par ledit Arreſt que autres, ſont faites les meſmes défenſes à tous Colporteurs & autres d'en vendre & debiter n'y s'en trouuer ſaiſis, ſur les meſmes peines, & empriſonnement de leurs perſonnes.

RECVEIL DES ARRESTS

RENDVS EN LA COVR DE PARLEMENT,
toutes les Chambre assemblées.

ENSEMBLE LES ORDONNANCES
& Cómissions de M^rs les Preuost des Marchands
& Escheuins de la ville de Paris pour la leuée
des Gens de guerre, & police de la ville.
EN L'ANNEE 1649.

ARREST DE LA COVR DE PARLEMENT,
*Portant defenses, sur peine de la vie, à tous Gens de guerre
Capitaines, Soldats, & autres de commettre aucunes exactions & violences à l'endroit des Sujets de sa Maiesté, Et
à eux enioint viure & se contenir suiuant les Ordonances.*

SVR la plainte faite à la Cour par le Procureur General du
Roy, des violences, exactions, voleries & outrages que les Capitaines, Soldats & Gens de Guerre commettent en plusieurs
endroits du Royaume, mesme en ce ressort & aux enuirons de
cette Ville de Paris, en sorte que les Villages, Bourgs & Bourgades peuuent estre abandonnez, la Campagne par où ils passent ou
seiournent presque deserte, & les terres sans labour, ostant l'esperance
de recueillir les fruicts necessaires à la nourriture du Peuple, tant des
Villes, que du plat Pays. REQVERANT y estre pourueu pour la
seureté publique, & soulagement des Subiects du Roy. LA COVR,
les Chambres assemblées, A ordonné & ordonne, Que Commission
sera deliurée au Procureur General du Roy, pour informer des faicts
contenus en sa plainte, pour les informations rapportées & à luy com-
muniquées, estre procedé contre & ainsi que de raison. A faict & faict
inhibitions & defenses à tous Gentils-hommes, Capitaines, & autres,
à peine de la vie, de commettre aucunes exactions, voyes de faict &
violences à l'endroict des Subjets du Roy, Leur enjoint viure & se
contenir suiuant les Ordonnances, & incontinent se rendre aux lieux
des Garnisons à eux ordonnees. Et en y allant, fait defenses de seiour-
ner plus d'vne nuict en mesme lieu, sans demeurer au plat pays, autre-

ment & à faute de ce faire, en cas de contrauention, enjoint aux Baillifs
& Seneschaux de tenir la main à l'execution de l'Arrest: Aux Preuosts
des Mareschaux, Visbaillifs, Villeneschaux, Lieutenans & Archers se
mettre en Campagne, se saisir des Coupables, leur faire & parfaire
leurs proces, & executer leurs Iugemens, nonobstant oppositions &
appellations quelconques, suiuant les Ordonnances. Et pour les enuirons de cette Ville, Enjoint au Lieutenant de Robbe courte & Preuost
de l'Isle incontinent monter à cheual auec leurs Compagnies separe-
ment ou coniointement, comme ils aduiseront, Aller aux chumps, &
faire cesser les volleries & violences, au soulagement des Subiects du
Roy, & à ce qu'aucun n'en pretendent cause d'ignorance, Ordonne
que l'Arrest sera publié à son de trompe, affiché aux lieux publicqs, &
enuoyé aux Bailliages & Seneschaussees pour y estre leu, publié &
executé à la diligence des Substituts du Procureur General qui certif-
fieront auoir ce faict au mois. Fait en Parlement le 17. Decembre 1648.
Signé, DV TILLET.

ARREST DE LA COVR DE PARLEMENT,
donné toutes les Chambres assemblées, du 6. iour de Ian-
uier 1649. Pour la seureté & Police de la Ville de Paris.

CE iour la Cour, toutes les Chambres assemblées, sur l'aduis
donné que le Roy s'estoit retiré de cette Ville de Paris la
nuict derniere, Oüy les Escheuins, presens les gens du Roy
aussi ouys en leurs Conclusions, La matiere mis en deliberation, A
ordonné & ordonne, que pour la seureté de cette Ville & Fauxbourgs
par l'ordre du Preuost des Marchands & Escheuins, gardes seront faites par les Bourgeois d'icelle, tant de iour que de nuict, Et Corps de
garde mis & posé la nuict, & chaisnes tenduës si besoin est. Fict
defences à toutes personnes de quelque qualité & condition qu'elles
soient d'enleuer aucun arme ny bagage, & à tous Colonels & Capitaines d'en laisser sortir. Enioint aux Officiers du Roy au Chastelet
tenir la main au fait de la Police pour les denrées & marchandises.
Et suiuant l'Arrest du 23. Septembre dernier, enjoint à tous Gouuerneurs, Capitaines, Maires, Escheuins, Baillifs, Seneschaux & leurs
Lieutenans, des Villes, Bourgs & Bourgades, ponts & passages vingt
lieuës à la ronde, & és enuirons de cettedite Ville, laisser passer librement les Viures & denrées qui seront destinées pour apporter en icelle.
Leur fait tres expresses inhibitions & defenses de receuoir aucunes garnisons ny logement de gens de guerre; leur enjoint aussi faire en sorte
que les viures & denrées soient aportées en cettedite Ville sans aucun

empefchement, à cette fin efcorter & affifter ceux qui les aporteront, à peine d'en refpondre en leurs noms. Et fera le prefent Arreft leu & publié à fon de trompe & cry public, & affiché és Carrefours de cette dite Ville & Faux-bourgs, & enuoyé és Villes circonuoifines, pour y eftre auffi leu, publié & affiché, à ce qu'aucun n'en pretende caufe d'ignorance. Fait en Parlemeut le 6. Ianuier 1649. Signé, DV TILLET.

ARREST DE LA COVR DE PARLEMENT,
toutes les Chambres affembles, du huictiéme Ianuier 1649. Contre le Cardinal Mazarin.

CE iour la Cour, toutes les Chambres affemblées, deliberant fur le Recit fait par les Gens du Roy; de ce qu'ils fe font tranfportez à Sainct Germain en Laye pardeuers ledit Seigneur Roy & la Reyne Regente en France en execution de l'Arreft du iour d'hier, & du refus de les entendre, & qu'ils ont dit que la Ville eftoit bloquée: A Arrefté & Ordonné Que tres-humbles Remonftrances par efcrit feront faites audit Seigneur Roy & ladite Dame Reyne Regente. Et attendu que le Cardinal Mazarin eft notoirement l'autheur de tous les defordres de l'Eftat & du mal prefent, L'a declaré & declare Perturbateur du repos Public, Ennemy du Roy & de fon Eftat: Luy enjoint fe retirer de la Cour dans ce iour, & dans huictaine hors du Royaume, Et ledit temps paffé, Enjoint à tous les Subjets du Roy de luy courre fus, Faict deffences à toutes perfonnes de le receuoir Ordonne en outre qu'il fera fait leuée de Gens de guerres en cette Ville en nombre fuffifant : A cette fin Commiffions deliurées pour la feureté de la Ville tant au dedans que dehors, & efcorter ceux qui ameneront les viures, faire en forte qu'elles foient amenées & aportées en toute feureté & liberté. Et fera le prefent Arreft leu, publié & affiché par tout où il appartiendra, à ce qu'aucun n'en pretende caufe d'ignorance. Enjoint aux Preuoft des Marchands & Efcheuins tenir la main à l'execution. Faict en Parlement le 8. Ianuier 1649. Signé, GVYET.

Ordonnance de Meffieurs les Preuoft des Marchands & Efcheuins de la Ville de Paris, Du 8. Ianuier 1649.

IL eft enjoint à tous Marchands de grains & aux Bourgeois & Habitans de cefte Ville qui ont des grains en greniers, ou fur la Riuiere autour & és enuirons de Paris, de les faire inceffamment amener

& arriuer en ladite ville pour la prouifion d'icelle, aquoy toutes perfonnes donneront confort, ayde & main forte. Deffences à tous Capitaines & Gardes des Portes, Ports & Riuieres de leur donner aucun
empefchement à peine de la Vie, Ce qui fera publié & affiché en la
maniere accouftumée. Faict au Bureau de la Ville le 8. Ianuier 1649.
Signé, **LE MAIRE.**

ARREST DE LA COVR DE PARLEMENT,
concernant la leuee d s deniers pour le payement des
Gens de guerre, du neuf iour de Ianuier 1649.

CE iour, la Cour toutes les Chambres affemblées, deliberant fur
l'execution de l'Arreft du iour d'hier, en ce qui concerne la leuée
les Gens de guerre: Apres auoir oüy le recit d'aucuns des Confeillers commis qui fe font tranfportez dans l'Hoftel de Ville, & apres
plufieurs propofitions, mefmes de payer par les Confeillers de ladite
Cour de la nouuelle creation faite en l'année mil fix cens trente-cinq,
dans le temps qu'il plaira ordonner, la fomme de trois cens mil liures,
pourueu qu'ils iouyffent & difpofent de leurs Offices, eux, leurs veufves
& heritiers, comme les autres Confeillers anciens; A Ordonné & ordonne, que la taxe faite lors de la prife de la Ville de Corbie, fera fuiuie, &
que chacun des habitans de cette Ville & Faux-bourgs de Paris, payera
prefentement le double de ladite taxe, & que lefdits Confeillers de nouuelle creation, de leur confentement, payeront auffi dans deux iours la
fomme de trois cens mil liures, moyennant quoy ils iouïront & difpofe-
ront de leurfdis Offices, eux, leurs veufves & heritiers & fucceffeurs,
tout ainfi que les autres Confeillers anciens, & fans qu'il y ayt à l'aduenir
aucune difference: Ordonne en outre, qu'il fera fait emprunt de la fomme de quatre cens cinquante mil liures; Sçauoir par les Prefidens &
Confeillers de la Grand'Chambre, cinquante mil liures: Par les Prefidens & Confeillers de chacune Chambre des Enqueftes, pareille fomme
de cinquante mil liures, qui reuiennent à deux cens cinquante mil liures:
Par les Prefidens & Confeillers des Requeftes du Palais, pareille fomme
de cinquante mil liures, & par les Maiftres des Requeftes de l'Hoftel du
Roy, la fomme de cent mil liures Tous lefquels deniers feront inceffamment mis entre les mains de Maiftre Charles le Preuoft, Confeiller
du Roy en ladite Cour, & le tout employé au payement des Gens de
guerre qui feront leuez, felon & ainfi qu'il fera ordonné. Faict en Parlement le neufiéme Ianuier mil fix cens quarante-neuf.
Signé, **DV TILLET.**

ARREST

ARREST DE LA COVR DE PARLEMENT

toutes les Chambres assemblee, du dixiéme Ianuier 1649.
en faueur des Preuost des Marchands & Esche-
uins de la Ville.

CE iour sur ce qui a esté representé à la Cour toutes les Chambres assemblées, qu'aucuns ennemis du repos public, auroient publié le iour d'hier qu'il y auoit diuision entre le Parlement & les Officiers de la Ville, & sous le pretexte de ces fausses suppositions commençoient d'attroupper du peuple pour fauoriser leurs mauuais desseins : La matiere mise en deliberation : A arresté qu'il en sera informé à la diligence du Procureur General du Roy : Enjoint au Preuost des Marchāds & Escheuins de continuer l'exercice de la fonction de leurs charges, auec la mesme affection qu'ils ont tesmoignée cy-deuant, dont la Cour est tres satisfaite : A mis & met leurs personnes, familles & biens en la protection & sauuegarde de ladite Cour ; Faisant tres-expresses inhibitions & defenses à toutes personnes de leur méfaire ny médire à peine de la vie. Faict en Parlement le dixiéme iour de Ianuier mil six cens quarante-neuf.

Signé,   DV TILLET.

ARREST DE LA COVR DE PARLEMENT,

contre les Gens de guerre qui ont quitté les frontieres,
pour empescher les viures en cette Ville, auec
injonction aux Communes de courre sus,
du vnziéme iour de Ianuier 1649.

CE iour la Cour toutes les Chambres assemblées, sur l'aduis qu'en haine de l'Arrest de ladite Cour, rendu le huictiéme de ce mois & an ; Le Cardinal Mazarin, pour exercer sa vengeance contre ladite Cour & ceste ville de Paris, fait auancer toutes les troupes qui estoient sur la frontiere, mesme celles qui estoient en garnison dans les places les plus importantes, & tire le canon des Citadelles des Villes frontieres, & expose par ce moyen toutes les Villes aux ennemis, & le Royaume en proye ; A Ordonné & ordonne, que ledit Arrest sera executé,

B

faict inhibitions & defenses à tous Capitaines & soldats, d'approcher à vingt lieuës de cefte ville de Paris : Enjoint à ceux qui font plus auancez, de fe retirer dans les garnifons des Villes frontieres ; à faute de ce, permet & enjoint aux habitans des Villes, bourgs & communes, de s'armer & leur courir fus, à cefte fin fonner le tocfin. Fait auffi defenfes à toutes perfonnes de les retirer & leur fournir aucuns viures & munitions ; Et à tous Capitaines & Gouuerneurs de laiffer fortir aucunes garnifons, canons & munitions, à peine contre tous les contreuenans de confifcation de corps & biens : Et fera le prefent Arreft, leu, publié & affiché par tous les carrefours de cefte Ville, & Faux-bourgs de Paris, & enuoyé aux autres Villes, bourgs & villages, pour y eftre pareillement publié & affiché à la diligence du Procureur General. Faict en Parlement le dixiéme Ianuier, mil fix cens quarante-neuf,

Signé, DV TILLET.

ARREST DE LA COVR DE PARLEMENT,
concernant les Retranchemens pour la feureté de la Ville &
Faux-bourgs de Paris, du douZiéme Ianuier 1649.

LA Cour, toutes les Chambres affemblées, fur les aduis à elle donnez de pouruoir à la feureté de la Ville : A Ordonné & ordonne, que retrâchemés feront faits és faux-bourgs de cetteVille : A cette fin feront prifes les terres & heritages neceffaires és enuirons defdits faux-bourgs, & à la charge d'indemnifer les particuliers aufquels lefdites terres appartiendront ; Enjoint aux Preuoft des Marchands & Efcheuins de cefte Ville, tenir la main à l'execution du prefent Arreft. Faict en Parlement le douziéme Ianuier, mil fix cens quarante-neuf.

Signé, DV TILLET.

ORDONNANCES DE MESSIEVRS LES
Preuoft des Marchands & Efcheuins de la Ville de Paris,
du douZiéme Ianuier 1649.

IL eft ordonné à tous Marchands, Maquignons & Loüeurs de Cheuaux de cette ville de Paris, de fe trouuer tous les matins en la maifon de Monfieur Deflandes-Payen, Confeiller en Parlement, & l'vn des Commiffaires d purez, feize ruë
& y mener & conduire les Cheuaux qui pourront feruir aux Gens de

guerre, qui se leuent pour l'Atmée commandée par son Alteffe le Prince de Conty, & y mettre le prix qu'ils iugeront raifonnable : A quoy lefdits Marchands, Maquignons & Loüeurs de Cheuaux feront tenus d'obeïr, à peine de confifcation d'iceux. Ce qui fera publié à fon de Trompe & cry public. Faict au Bureau de la Ville le douziéme Ianuier mil fix cens quarante-neuf. Signé, LEMAIRE.

ORDONNANCES DE MESSIEVRS LES
Preuoft des Marchands & Efcheuins de la Ville de Paris,
du douziéme Ianuier 1649.

ON fait à fçauoir, que le Pain de munition pour la noürriture des Gens de guerre, qui se leuent pour le feruice du Roy & de la Ville, fera baillé Mercredy prochain, deux heures de releuée en l'Hoftel de cette Ville, au rabais & moins difant, à l'extinction de la chandelle : A la charge par l'entrepreneur de donner bonne & fuffifante caution, tant des deniers qu'il receura que de la quantité de pain qu'il fera obligé de fournir par chacun iour ; ce qui fera publié à fon de Trompe & cry public & affiché, àce qu'aucun n'en pretende caufe d'ignorance. Faict au Bureau de la Ville le douziéme Ianuier mil fix cens quarante-neuf. Signé, LEMAIRE.

COMMISSION DE MESSIEVRS LES PREVOST
des Marchands & Efcheuins de la Ville de Paris,
pour la Caualerie

AV Sieur Nous vous prions de leuer inceffamment en cette Ville & és enuirons vn d'hommes de Cheual pour le feruice du Roy & de la ville de Paris : Vous permettant de faire fonner la Trompette, & leur fournir de Cheuaux & armes neceffaires pour s'employer en tout ce qui leur fera ordonné, fuiuant l'Arreft de Noffeigneurs de la Cour de Parlement, du huictiéme du prefent mois ; Vous donnant à cette fin Commiffion & mandement fpecial. Mandons à tous Bourgeois & autres Habitans de ladite Ville à vous ce faifant obeïr. Donné au Bureau de la Ville le iour de Ianuier mil fix cens quarante-neuf.

COMMISSION DE MESSIEVRS LES PREVOST
des Marchands & Efcheuins de la ville de Paris,
pour l'Infanterie.

AV Sieur
Nous vous prions de leuer inceffamment en cette Ville & és
énuirons vn
d hommes de pied pour le feruice du Roy & de ladite ville de Paris:
Vous permettant de faire battre le Tambour, & leur fournir d'armes
neceffaires pour s'employer en tout ce qui leur fera ordonné, conformément à l'Arreft de Noffeigneurs de la Cour de Parlement, du huictiéme
du prefent mois, Vous donnant à cette fin Commiffion & mandement
fpecial. Mandons à tous Bourgeois & Habitans de ladite Ville à vous
ce faifant obeïr. Donné au Bureau de la Ville le
iour de Ianuier mil fix cens quarante-neuf.

ARREST DE LA COVR DE PARLEMENT,
portant que tous les biens, meubles & immeubles, & reue-
nus des Benefices du Cardinal Mazarin, feront faifis,
& Commiffaires, Sequeftres & Gardiens eftablis à
iceux, du treiziéme Ianuier 1649.

LA Cour toutes les Chambres affemblées, deliberant fur l'execution de l'Arreft du huictiéme de ce mois & an, donné contre le
Cardinal Mazarin, A ORDONNE' ET ORDONNE, Que
tous les biens, meubles & immeubles, & reuenus de fes Benefices, feront
faifis, & Commiffaires, Sequeftres & Gardiens eftablis à iceux, à la Requefte du Procureur General du Roy, & diligence de fes Subftituts: Et
feront les Fermiers, Receueurs & debiteurs des reuenus efcheus, affignez
en ladite Cour, pour reprefenter leurs Baux, affirmer & vuider leurs
mains: Leur fait defenfes d'en payer aucuns que par l'ordre de ladite
Cour, à peine de payer deux fois. FAICT en Parlement le treiziéme
Ianuier mil fix cens quarante-neuf. Signè, DV TILLET.

Afficl es

AFFICHES MISES LE TREIZIEME IANVIER 1649.
par l'ordre de Meßieurs les Prenoſt des Marchands & Eſcheuins.

S'IL y a des Officiers qui veulent venir feruir le Roy à Paris ; On leur fait à ſçauoir que l'on donne au Maiſtre de Camp mil eſcus : au Capitaine mil liures : au Lieutenant cinq cens : aux Enfeignes trois cens, & au Sergent ſoixante liures, auec les appointemens à proportion.

ON FAIT à ſçauoir , que l'on donnera à Paris à chaque Soldat d'Infanterie en prenant feruice , & dix-huict francs par mois, qu'on diſtribüera par ſepmaine.

Du quatorziéme Ianuier 1649.

ORDRE ET REIGLEMENT
pour les Gens de guerre.

Extraict des Regiſtres de la Conneſtablie & Mareſchaußée de France,
au Siege general de la Table de Marbre du Palais.

PREMIEREMENT, Avons ordonné & ordonnons, que tout foldat entrant à noſtre feruice fera ferment de feruir trois mois fous le Capitaine, fous lequel il fera monſtre, & les Capitaines ne fuborneront les foldats les vns des autres, ny ne les retireront en leurs compagnies, fans voir leur congé par efcrit du Capitaine qu'ils laifferont, fur peine d'eſtre priuez pour ce mois de leur eſtat, applicable au Capitaine dont ils partiront , auec obligation de les rendre & renuoyer à leur enſeigne.

2. Apres la monſtre faire, le Capitaine ne pourra donner congé au foldat, iufques à la fin des trois mois fufdits.

3. Le foldat qui partira fans congé par efcrit, fera paſſé par les picques, ou harquebuzé, felon les armes qu'il portera , & en demandant congé auec l'occaſion, quinze iours auant la fin defdits trois mois, le Capitaine fera tenu le luy donner & figner : autrement luy fera donné par le Colonnel ou Maiſtre de camp, à qui le foldat aura recours.

4. Quand les bandes deſlogeront de lieu en autre, le foldat ne pourra changer n'abandonner fon Capitaine, fur peine (fi c'eſt dans les trois mois) d'eſtre paſſé par les picques ; & fi c'eſt à la fin, fera mis en priſon

l'espace d'vn mois, & incapable de pouuoir estre receu de nul Capitaine, trois mois aprés.

5. Les armes que le soldat aura joüez, seront confisquez à son Capitaine, qui les pourra prendre où il les treuuerra, estans perduës, tant pour celuy qui les aura joüées, que pour celuy qui les gagnera : & si sera mis le perdant huict iours entiers en prison.

6. Le soldat qui vendra ou engagera les armes, elles seront confisquées au Capitaine, ainsi que dessus.

7. Le Soldat qui faudra à la faction, sans licence de son Capitaine, ou autre excuse legitime, sera passé par les picques.

8. Le soldat qui ne se trouuera aussi promptement à vne alarme, ordonnance, ou autre affaire, comme son enseigne, sera passé par les picques.

9. Le soldat qui sans excuse legitime abandonnera le guet, escoute, ou autre lieu où son Sergent l'aura mis, sera passé par les picques.

10. Le Sergent Major sera obey des Capitaines, Officiers & soldats, en ce qu'il commandera pour son office, & ce sur peine (si c'est ou Capitaine ou Officiers) d'estre puny arbitrairement du Colonnel : si c'est soldat, de demander pardon au Roy, audit Colonnel, & audit Sergent, deuant toutes les compagnies, & estre despoüillé & desgradé de toutes armes, & banny des bandes.

11. Celuy qui iniuriera ledit Sergent Major en faisant son office, s'il est Capitaine, sera puny arbitrairement par le Colonnel : & s'il est soldat, sera passé par les picques.

12. Les Capitaines fassent chacun en leurs bandes, que tous soldats obeïssent à leurs Sergens, & caps d'esquadre ou caporaux en leurs offices, sans les iniurier, sur peine (si l'iniure est verbale) de luy demander pardon deuant toutes les bandes : & si elle est de faict, d'estre passé par les picques.

14. Celuy qui commencera vne mutination, sera passé par les picques.

15. Quand vne querelle suruiendra entre deux, ou plusieurs, nul, s'il n'est Capitaine ou Officier, n'y pourra porter armes, autres que son espée, sur peine de confiscation d'icelles, & punition arbitraire du Colonnel.

16. Si vn Capitaine ou Officier de bande suruient en vne querelle, & qu'il trouue quelques soldats ayans l'espée au poing, soudainement qu'il criera pour les départir, ceux qui auront mis l'espée au poing ne pourront plus tirer nul coup, sur peine d'estre passez par les picques.

17. Le soldat s'il a querelle à vn autre, ne pourra s'accompagner, sur peine que luy ou ceux qui l'accompagneront, seront passez par les picques.

18. Le soldat qui de guet-à-pend, meschamment & auec aduantage, blessera & tuëra vn autre, sera passé par les picques.

19. Le soldat qui sans legitime occasion dira iniure qui touche l'honneur d'vn autre, ladite iniure & honte retournera à luy-mesme, & luy sera declaré deuant toutes les compagnies.

20. Quand vn ſoldat auec auantage aura fait deſdire vn autre de quelque choſe, le Capitaine à qui ſera l'aſſaillant, luy fera demander pardon à l'aſſailly, eſtant la deſdite nulle, & ledit aſſaillant banny des bandes.

21. Le ſoldat qui ſans iuſte occaſion démentira vn autre, ſera mis en la place publique, & enſeigne deſployée, & teſte nuë, demandera pardon au Colonnel, & à celuy qu'il aura démenty.

22. Le prouocateur d'vne querelle ſans legitime occaſion ne ſera receu à combattre, mais puny ſelon ſon démerite, à la diſcretion du Colonnel.

23. Le ſoldat qui donnera vn ſoufflet à vn autre, pour moindre occaſion que d'vn démenty, en receura vn autre de celuy à qui il l'aura donné, en la preſence du Colonnel, ou du Maiſtre de camp, & ſera banny des bandes.

24. Quand deux ſoldats auront vne querelle, ſe retireront à leurs Capitaines, qui regarderont à les accorder, leſquels en communiqueront au Maiſtre de camp, & là où ils ne les pourront appointer, feront entendre le faict au Colonnel, pour en ordonner la raiſon.

25. Quand vn ſoldat refuſera à vn autre de payer ce qu'il luy doit, le creancier ſe retirera au Capitaine du debiteur, qui le fera payer aux monſtres, ſans venir par voye de queſtion, ſur peine arbitraire.

26. Nul ſoldat ne pourra preſenter camp, n'enuoyer cartel à vn autre, ſans licence du Colonnel, ſur peine d'eſtre deſgradé des armes, & banny des bandes.

27. Le ſoldat qui outragera vn autre, ou deſgainera ſur luy, eſtant en guet, ordonnance ou faction, ſera paſſé par les picques.

28. Celuy qui mettra la main aux armes dedans la ville & place de garde, perdra le poing publiquement.

29. Le ſoldat qui en combattant perdra ſes armes lâchement, & qui ſe rendra ſans grande occaſion, ſera banny des bandes, & declaré incapable de iamais porter armes.

30. Le ſoldat ne lairra aller priſonnier de guerre, ſans le dire à ſon Capitaine, qui en aduertira le Colonnel, ſur peine d'eſtre condamné ſelon ſa qualité.

31. Le ſoldat qui en aſſaut ou prinſe de place ne ſuyura ſon enſeigne, & la victoire, pour s'amuſer à ſaccager, ou autre profit, apres la place prinſe, ſera deualizé, deſgradé & banny des bandes.

32. Le ſoldat qui deſrobera biens d'Egliſe à la guerre, ou autrement, ſera pendu & eſtranglé.

33. Le ſoldat ne pourra parlementer, n'auoir conuerſation à trompette, tabourin, ny autre des ennemis, ſans le congé de ſon Capitaine, ne le Capitaine ſans le congé du Colonnel.

34. Celuy qui forcera femme ou fille, ſera pendu & eſtranglé.

35. Celuy qui deſtrouſſera viuandier, ou marchand des noſtres, ſera pendu & eſtranglé.

36. Le soldat qui entrera ou sortira d'vne place de garde, ou autre lieu, que par les passages ordonnez, sera passé par les picques.

37. Le larron de boutique sera pendu & estranglé.

38. Le soldat qui pippera au jeu, ou desrobera les armes d'vn, sera pendu & estranglé.

39. Le soldat qui blasphemera le nom de Dieu en vain, sera mis en place publique au carquant par trois diuers iours, trois heures à chacune fois: & à la fin d'iceux, la teste nuë, demandera pardon à Dieu.

40. Quand l'enseigne marchera sur les champs, le soldat ne l'abandonnera pour aller en fourrage, ou autre lieu, sans congé de son Capitaine, sur peine d'estre passé par les picques.

41. Nul soldat ne pourra iniurier ny empescher le Preuost des bandes ou ses gens, sur peine de la vie.

42. Quand le Colonnel demandera le soldat delinquant, celuy qui les recelera ou fera fuyr, sera puny au lieu du fugitif.

43. Tout Capitaine trouuant vn soldat faussant lesdites ordonnances, le pourra punir & chastier, autant d'autre compagnie que de la sienne, sans en pouuoir estre reprins de personne.

LE present Reiglement a esté leu, publié & affiché, ce requerant Iean Pinson de la Martiniere Escuyer, Conseiller & Procureur du Roy au Siege general de la Connestablie & Mareschaußée de France à la Table de Marbre, suiuant le Iugement rendu par Nous François le Roy, Conseiller du Roy, Lieutenant General audit Siege, le quatorziéme iour de Ianuier 1649. Signé, TRABIT.

ARREST DE LA COVR DE PARLEMENT

Portant injonction à tous Marchands & Artisans de cette Ville & Faux-bourgs de Paris, de tenir leurs boutiques ouuertes, & continuer leur trafic ainsi qu'il est accoustumé. Du 14. Ianuier 1649.

CE iour, la Cour toutes les Chambres assemblées, Sur l'aduis qui a esté donné qu'aucuns Marchands de cette Ville tiennent leurs boutiques fermées; Ce qui est contre l'ordre, & peut apporter trouble à la tranquilité publique : La matiere mise en delibeation, LADITE COVR a enjoint à tous Marchands & Artisans de cette Ville & Faux-bourgs, tenir leurs boutiques ouuertes, & continuer leur trafic ainsi qu'il est accoustumé, à peine d'amende arbitraire. Et sera le present Arrest, à la requeste du Procureur General du Roy, leu, publié & affiché par tout ou il apartiendra, à ce que nul n'en pretende cause d'ignorance : Enjoint aux Officiers du Roy du Chastelet, tenir la main à l'execution. Faict en Parlement le quatorziesme Ianuier mil six cens quarante neuf.

Signé,   DV TILLET.

DE PAR MESSIEVRS LES PREVOST

des Marchands & Escheuins de la Ville de Paris.

ORDRE POVR LA GARDE DE LA VILLE, iour & nuict, Du 15. Ianuier 1649.

LA Colonelle de Monsieur de Thelys composée de neuf Compagnies, Gardera les porte Sainct Victor & Sainct Bernard, & y enuoyera vne Compagnie par iour, qui se releuera au bout de vingt-quatre heures.

Les Colonelles de Messieurs Desroches & Barthelemy composées de seize Compagnies, sçauoir celle du sieur Desroches, de neuf & celle dudit sieur Barthelemy de sept, Garderont les portes Sainct Marcel & Sainct Iacques, & mettront à chaque porte vne Compagnie.

La Colonelle de Monsieur de Chastignouuille ayant neuf Compagnies dans la Ville, enuoyera tous les iours vne Compagnie de garde

D

à la porte Sainct Germain, & deſtachera d'icelle vingt Mouſquetaires au Guichet de la porte Sainct Michel.

Les Colonelles de Meſſieurs Deſtampes & Miron compoſées de dix Compagnies, ſçauoir celle dudit ſieur Deſtampes de ſix, & celle dudit ſieur Miron de quatre, Garderont les portes de Buſſy, Daulphine & Neſle auec vne Compagnie ſeulement.

La Colonelle de Monſieur Tallemant compoſée de ſix Compagnies, Gardera la porte de la Conferance auec vne Compagnie.

Les Colonelles de Meſſieurs de Longueil & Martineau compoſées de quinze Compagnies, ſçauoir celle dudit ſieur de Longueil de quatre, & celle dudit ſieur Martineau de vnze, Garderont la porte Sainct Honoré auec auec vne Compagnie.

Les Colonelles de Meſſieurs de Bagnolx & Menardeau compoſées de dix-huict Compagnies, chacune de neuf, Garderont les portes de Richelieu & Monmartre auec vne Compagnie de chaque Colonelle, qui ſont deux.

Les Colonelles de Meſſieurs de Lamoignon & Thibeuf compoſées de quatorze Compagnies, qui ſont ſept de chacune, Garderont la porte Sainct Denis auec vne Compagnie.

La Colonnelle de Monſieur Fauier compoſée de quinze Compagnies, Gardera les portes Sainct Martin & du Temple auec deux Compagnies.

Les Colonelles de Meſſieurs Dargouges & Scarron compoſées de quinze Compagnies, ſçauoir celle dudit ſieur Dargouges de neuf, & celle dudit ſieur Scarron de ſix, Garderont la porte Sainct Antoine auec vne Compagnie.

Quatre Places du coſté de la Ville.

Meſſieurs Dargouges & Scarron,	La Place Royalle.
Meſſieurs Deſtampes & Fauier,	Cimetiere Sainct Iean.
Meſſieurs de la Moignon & Thibeuf,	Les Halles.
Meſſieurs de Longueil & Martineau	Deuant le Palais Royal.
Monſieur de Thelys	Place Maubert.
Meſſieurs Deſroches & Barthelemy,	Marché neuf.
Meſſieurs de Chaſtiguonuille, & Miron,	Bout du pont nenf, du coſté de ſainct Germain.

En chacune deſdites places il faut enuoyer la nuict vne Compagnie de cent hommes, qui ſeront releués à vnze heures.

Les places ſeront gardées de iour, les iours de marché.

Que les Boutiques ſeront tousjours ouuertes, les chaiſnes retirées, ſans qu'elles puiſſent eſtre tendués que par nos ordres.

Deffences feront faites de tirer depuis fix heures du foir fur peine de
la vie.

Monfieur le Duc Delbeuf aura la porte Sainct Antoine auec Meffieurs les Colonels Dargouges & Scarron de Vaures.

Monfieur le Duc de Bouillon aura les portes Sainct Martin & du
Temple, auec Monfieur le Colonel Fauier.

Monfieur le Mareschal de la Mothe Hodencourt aura les Portes
de la Conferance, Sainct Honoré & Richelieu, auec Meffieurs les Colonels Talleman, Martineau, & de Maifons.

Monfieur le Marquis de Noirmoutier aura les portes de Montmar-
tre & Sainct Denis, auec Meffieurs les Colonels Menardeau, Dugué,
Bagnolx, & de la Moignon.

Monfieur le Colonel Thibeuf, gardera les Halles.

Faict & arrefté au Bureau de la Ville, le Confeil d'icelle affemblé,
le quinziefme iour de Ianuier mil fix cens quarante neuf.

Signé,   **LE MAIRE.**

MANDEMENT DE LA VILLE.

VOVS ferez aduertis de la part du fieur Rocolet, voftre Lieutenant, que fuiuant le Mandement de Meffieurs les Preuoft des
Marchands & Efcheuins de cette Ville, en datte du 17. du prefent mois,
Il eft fait deffences à toutes perfonnes, fur peine de la vie, de tirer depuis fix heures du foir. Fait à Paris le dix-neufiefme Ianuier mil fix
cens quarante neuf.

LETTRE DE LA COVR DE PARLEMENT,
De Paris, Enuoyée aux autres Parlemens du Royaume.
Du dix-huictiéme iour de Ianuier 1649.

MESSIEVRS,

Nous iugeons bien que vous aurez appris par le bruit
commun, ce que les fiecles à venir auront peine de croire, que dans le
temps où il y auoit lieu d'efperer quelques bons effets de la Declara-
ration que nous auions procurée pour reftablir l'ordre dans l'Eftat, &
foulager la mifere des Peuples; le Cardinal Mazarin a enleué le Roy

de Paris à deux heures apres minuiĉt, & fait inueſtir la Ville; Ce qui a mis l'eſtonnement & la crainte dans l'eſprit de tous les gens de bien: Et pour donner pretexte à vne action ſi eſtrange, il a fait écrire vne Lettre au Preuoſt des Marchands & Eſcheuins, par laquelle il nous accuſe d'auoit eu intelligence auec les Eſtrangers, pour leur mettre entre les mains la perſonne du Roy, qui eſt vne calomnie qui ſe deſtruit aſſez d'ellemeſme, & dont n'auons beſoin de nous iuſtifier: Mais de vous informer que le deſſein dudit Cardinal Mazarin n'a autre but, que d'opprimer & aneantir le Parlement & la Ville de Paris, afin par vne oppreſſion commune, d'aſſujetir les autres Prouinces du Royaume, & eſtablir ſa tyrannie au poinĉt de ſe rendre maiſtre abſolu de ce qui eſt le plus conſiderable dans l'Eſtat. Ce qui eſt tellement iniuſte & contraire aux Loix de cette Monarchie & à l'authorité Royale, que nous nous promettons que vous vous employerez de tout voſtre pouuoir pour empeſcher vn ſi pernicieux deſſein. Nous auons pour ſatisfaire à noſtre deuoir, donné vn Arreſt par lequel le Cardinal Mazarin eſt declaré Perturbateur du repos public, ennemy du Roy & de ſon Eſtat, afin de deſtromper les Peuples, qui ſe pourroient laiſſer ſurprendre aux ordres qu'il donne ſous le nom du Roy, duquel il à abuſé depuis pluſieurs années. La Ville de Paris à leué des troupes, & Monſieur le Prince de Conty, auec beaucoup de Princes, Ducs & Pairs, Officiers de la Couronne, & autres Perſonnes de condition ſont venus au Parlement declarer qu'ils vouloient ſeruir le Roy auec nous en cette occaſion, pour arreſter le cours des entrepriſes dudit Cardinal Mazarin. Nous vous donnons part de ce que nous auons fait iuſques à preſent, & de l'eſtat où ſont les choſes; Et comme nous n'auons tous qu'vn meſme intereſt & vne meſme intention pour le ſeruice du Roy, nous eſperons que vos conduites & les noſtres ſe rapporteront en ſorte, qu'il paroiſtra que n'auons tous qu'vn meſme eſprit. Et comme nous auons déja preparé les moyens pour nous defendre contre vne telle oppreſſion, nous ne doutons point que par vos prudences, vous ne pouruoyez au plutoſt à voſtre conſeruation & à la noſtre; & qu'ainſi tous enſemble, agiſſans d'vn meſme ſentiment nous aſſeurions celle de l'Eſtat, empeſchant vne guerre ciuile, qui n'auroit pour cauſe que l'ambition d'vn Eſtranger, Nous voulons conſeruer vne parfaite intelligence auec vous, & demeurons,

MESSIEVRS,

Vos bons Freres & amis, les Gens tenans la Cour de Parlement de Paris.

Signé,   DVTILET.

LETTRE

LETTRE DE LA COVR DE PARLEMENT DE
*Paris, enuoyée aux Baillifs, Seneschaux, Maires, Escheuins
& autres Officiers de ce Royaume, du dix-huictiesme
Ianuier mil six cens quarante-neuf.*

MESSIEVRS, Bien que nous ne doutions pas que vous ne soyez asseurez des soins que la Cour a pris en toutes rencontres, de la conseruation de l'Estat & de sa fidelité enuers le Roy : Neantmoins comme le Cardinal Mazarin ennemy du Royaume, tasche par toutes sortes de moyens & par la voye ouuerte des armes, d'opprimer l'authorité du Roy, celle de la Cour & la liberté publique, par vne armée auec laquelle il a fait inuestir Paris, apres en auoir enleué le Roy à deux heures apres minuit ; Nous vous donnons aduis, & vous enuoyons les Arrests par l'vn desquels il est declaré perturbateur du repos public, & par l'autre enjoint aux troupes de se retirer, & à faute de ce faire, aux Communes de courre sus, afin d'empescher le pernicieux dessein dudit Cardinal. Nous vous prions d'ayder de viures & de forces cette grande Ville, dont la ruyne causeroit en suite celle de l'Estat, que nous vous conuions de nous ayder à conseruer toute entiere au Roy, afin qu'il connoisse vn iour ses bons seruiteurs. Nous sommes, vos bons amis, les Gens tenant la Cour de Parlement de Paris.

Signé, DV TILLET.

ARREST DE LA COVR DES MONNOYES,
*portant le prix du marc d'or, & d'argent, du dix-huictiesme
Ianuier 1649*

SVr ce que le Procureur general du Roy a remonstré à la Cour, qu'il a receu plainte que plusieurs Marchands, Artisans, & autres trauaillans en or & en argent, pour profiter indeuëment sur le peuple, refusent d'achepter au prix porté par les Ordonnances lesdites matieres d'or & d'argent qui leur sont exposées en vente, bien que le prix que les Maistres des Monnoyes, Orfeures, & autres en doiuent donner, soit reglé & limité par lesdites Ordonnances : Requeroit y estre pourueu. La matiere mise en deliberation : Tout consideré : La Cour faisant droict sur le requisitoire dudit Procureur general, a enjoint & enjoint au Maistre & Fermier de la Monnoye de cette ville de Paris, &

E

autres de ce Royaume, de receuoir & payer suiuant l'Ordonnance toutes les matieres d'or & d'argent qui seront portées esdite Monnoyes; sçauoir celles d'or à raison de trois cens quatre-vingts quatre liures pour chacun marc à vingt-quatre carats, & les autres au dessous à proportion; & celles d'argent le Roy tant en barres, lingots, que saumons; ensemble la vaisselle d'argent & autres ouurages d'Orfeverie qui sont audit titre, à raison de vingt six liures dix sols pour chacun marc; & ce qui se trouuera au dessous dudit titre, à proportion : Auec defenses ausdits Fermiers desdites Monnoyes & tous autres, d'achepter lesdites matieres à moindre prix, & de contreuenir au present Arrest, à peine de cinq cens liures d'amende, & de plus grande s'il y échet. Enioint en outre ausdits Maistres & Fermiers de difformer lesdites vaisselle en presence de ceux qui les porteront, pour estre icelles conuerties en especes aux coings & armes de sa Maiesté : Et au Contregarde, de tenir bon & fidele registre desdites matieres suiuant l'Ordonnance. Ordonne que le present Arrest sera publié & affiché en cette ville de Paris, & par tout ailleurs où besoin sera. Fait à la Cour des Monnoyes le dix-huictiéme iour de Ianuier, mil six cens quarante-neuf.

Signé, DELAISTRE

ARREST DE LA COVR DE PARLEMENT,

portant que tous les deniers publics qui se trouueront deubs par tous les Comptables & Fermiers, tant de cette Ville de Paris, qu'autres de ce ressort, Seront saisis & mis és coffres de l'Hostel de Ville, du dix-neufiesme Ianuier mil six cens quarante-neuf.

CE iour, la Cour toutes les Chambres assemblées, deliberant sur les Propositions faites au sujet des affaires presentes, à arresté & ordonné, Qu'à la requeste du Procureur General du Roy, tous les deniers publics qui se trouueront deubs par tous Comptables & Fermiers, en quelque sorte & maniere que ce soit, tant en cette Ville de Paris, qu'autres Villes de ce ressort, Seront saisis & apportez en cette Ville de Paris, & mis és coffres de l'Hostel de ladite Ville, Pour d'iceux deniers estre ordonné ainsi qu'il appartiendra: Fait defenses à tous lesdits Comptables, Fermiers & autres redeuables, de payer aucuns desdits deniers que par l'ordre de ladite Cour. Faict en Parlement le dix-neufieme Ianuier, mil six cens quarante-neuf.

Signé, DV TILLET.

ARREST DE LA COVR DE PARLEMENT,

portant defenses aux Gens de guerre, de commettre aucunes violences, voleries, pillages, incendies, & autres actes d'hostilité, sur les Subjets du Roy & Habitans des Villes, Bourgs, Bourgades & Villages és enuirons de Paris & ailleurs, à peine de la vie. du vingtiesme Ianuier, 1649.

LA Cour toutes les Chambres assemblées, à Ordonné & Ordonne, Que les Ordonnances concernant les Gens de guerre, mesme celle du mois d'Octobre dernier, seront executées, gardées & obseruées, Fàit iteratiues defenses d'y controuenir, & de commettre aucunes violences, voleries, pillages, incendies, & autres actes d'hostilité, sur les Subjets du Roy & Habitans des Villes, Bourgs, Bourgades & Villages dés enuirons de Paris & ailleurs, à peine de la vie : Ordonne en outre, que tous Chefs, Conducteurs des troupes & Officiers, seront & demeureront responsables solidairement desdites violences, voleries, pillages, incendies & autres actes d'hostilité. Permet au Procureur General du Roy, ou ses Substituts, d'en faire informer par le premier Iuge Royal, Commissaire & Sergent sur ce premier requis. Enjoint à tous Officiers & Subjets du Roy, tenir la main à l'execution du present Arrest, Lequel à la diligence dudit Procureur General, sera leu, publié à son de Trompe & cry public, & affiché par tous les carrefours de cette Ville & Faux-bourgs, & par tout ailleurs que besoin sera. Faict en Parlement le vingtiesme Ianuier, mil six cens quarante-neuf.

Signé, DV TILLET.

ARREST DE LA COVR DE PARLEMENT,

portant defenses à toutes personnes estans en cette Ville & Faux-bourgs de Paris, de changer leurs noms, & de se trauestir & déguiser, pour sortir de ladite Ville, sur peine de la vie, du viugtiéme Ianuier, 1649.

LA Cour toutes les Chambres assemblées, à fait & fait tres-expresses inhibitions & defenses à toutes personnes estans en cette Ville & Faux-bourgs de Paris, de changer leurs noms, & de se ſraueſtir & déguiſer en quelque ſorte & maniere que ce ſoit pour ſortir la Ville, à peine de la vie. Enjoint aux Capitaines qui ſont prepoſez aux Portes, de veiller & faire en ſorte qu'il n'y ſoit contreuenu. Et ſera le preſent Arreſt, à la diligence du Procureur General du Roy, leu, publié à ſon de Trompe & cry pub'ic, & affiché par tous les carrefours de cette Ville & Faux bourgs, à ce qu'aucun n'en pretende cauſe d'ignorance. Faiɕ en Parlement le vingtieſme Ianuier mil ſix cens quarante-neuf.

Signé, DV TILLET,

ORDONNANCE DE MESSIEVRS LES PREVOST DES Marchands & Eſcheuins de la Ville de Paris, par lequel les bleds & farines ſeront conduits dans les Galleries du Louure, du 13. Ianuier, 1649.

IL eſt ordonné aux Capitaines & Gardes des Portes tant de cette Ville que Faux-bourgs, de faire ſeurement conduire dans les Galleries du Louure toutes les farines & bleds qui entreront en ladite Ville, pour eſtre vendus & deliurez aux Boullangers & Patiſſiers d'icelle, pour faire inceſſamment du pain tant pour ladite Ville, que pour les Faux-bourgs: Auec deffences de les deſtourner ny piller, à peine de la vie: Enjoint aux Boullangers & Patiſſiers tant deſdits Faux-bourgs, que de la Ville, de ſe trouuer au Louure lieu ou ſera le Magazin deſdits bleds & farines auec argent pour les achepter, A condition qu'ils rendront tant peſant de pain qu'il ſera raiſonnable, pour enuoyer aux Marchez ordinaires, tant en ladite Ville & Faux-bourgs, dont il ſera tenu bon & fidel Regiſtre de la diſtribution deſdits bleds & farines, & des perſonnes auſquelles ils auront eſté baillées, pour en faire rendre compte en pain à ceux qui les auront conuerties: Auec deffences auſdits Boullangers & Patiſſiers de ladite Ville & Faux-bourgs de vendre, à peine de la Vie, aucuns bleds ne farines à aucuns particuliers, & aux Bourgeois d'en achepter, à peine de cinq cens liures d'amende: Ce qui ſera publié & affiché par tout ou il appartiendra, tant en ladite Ville, que Faux bourgs, à ce qu'aucun n'en pretende cauſe d'ignorance. Faiɕ au Bureau de la Ville le vingt-troiſieſme Ianuier mil ſix cens quarante-neuf.

Signé, LE MAIRE.

Mandement de Meßieurs les Preuoſt des Marchands & Eſcheuins de cette Ville de Paris. Du 24. Ianuier.

VOVS eſtes aduertis que tous les Chefs d'hoſtel & Chambrelans, demeurans en cette Ville de Paris, ſont obligez de ſe trouuer en perſonne à la Garde ordinaire, & aux Corps de Garde extraordinaires qui ſe feront pour la ſeureté de la Ville, ſinon en cas de maladie, auquel cas ils ennoyeront le plus capable de leur famille, à peine de cinquante liures d'amende pour chaque fois : & de tenir dans chaque maiſon du feu la nuiɛ̃t, & vn homme tout preſt pour ſeruir aux occaſions qui arriueront.

Ordonnance de Meßieurs les Preuoſt des Marchands & Eſcheuins de la Ville de Paris. Du 24. Ianuier.

DEfenſes ſont faites à tous Capitaines, Officiers, & Gardes des Portes & Faux-bourgs de cette Ville, & tous autres qui ont fait des leuées pour le ſeruice du Roy & de ladite Ville ; De ſouffrir que les Soldats de leurs Compagnies, Aillent prendre aucun Bois dans les Chantiers, ſur les Ports, ou autres lieux que les Marchands ont en cette-dite Ville & Faux-bourgs : A peine d'en reſpondre par leſdits Capitaines & Officiers en leurs propres & priuez noms, & de telle punition à l'égard deſdits Soldats qu'il ſera par nous aduiſé : Ce qui ſera publié & affiché par tout où beſoin ſera, à ce qu'aucun n'en ignore. Faiɛ̃t au Bureau de la Ville le vingt-quatrieme Ianuier mil ſix cens quarante-neuf.
Signé, LE FERON, HACHET, & HELYOT.

Autre Ordonnance de Meßieurs les Preuoſt des Marchands & Eſcheuins de la Ville de Paris, portant que les Bleds ſeront amenez aux Halles. Du 25. Ianuier.

IL eſt enjoint à tous Colonels, Capitaines, & autres Officiers qui commandent aux Portes, Ports de cette Ville, de laiſſer librement paſſer toutes les farines & bleds qui y ſeront conduits, & iceux faire eſcorter iuſques aux Halles, & autres lieux où ils ſe vendent, ſans ſouffrir qu'aucuns de leurs Soldats, & autres perſonnes les puiſſe piller, ny meſme exiger aucuns deniers des Marchands ſouz pretexte d'y auoir rendu quelque office : Et aux Porte-faix, Crocheteurs, & autres qui trauaillent à la

F

deſcharge deſdites marchandiſes , de ſe contenter de prix raiſonnable,
ſans rançonner leſdits Marchands ; ainſi que nous auons receu les plaintes
de diuers endroits : Le tout à peine de la vie. Ce qui ſera publié & affiché
par tout où il appartiendra , à ce qu'aucun n'en ignore. Faict au Bureau
de la Ville le vingt-cinquiéme Ianuier mil ſix cens quarante-neuf.

Signé ,   LEMAIRE.

ARREST DE LA COVR DE PARLEMENT,

*Portant defenſes à tous Imprimeurs & Colporteurs d'im-
primer & expoſer en vente aucuns Ouurages & autres
Eſcrits concernant les affaires publiques , ſans permiſſion
regiſtrée au Greffe de ladite Cour , ſur les peines y contenuës.*

Du 25. Ianuier 1649.

SVR ce qui a eſté remonſtré à la Cour par le Procureur Général du
Roy, Que contre les anciens Reglemens, Ordonnances & Arreſts
renouuellez & publiez en diuers temps , pluſieurs particuliers ſe
licentient de faire imprimer, vendre & debiter publiquement pluſieurs
ouurages ſous diuers tiltres , libelles iniurieux & diffamatoires & autres
écrits concernans les affaires publiques, ſans nom d'Autheur ny d'Imprimeur : Requerant y eſtre pourueu. La matiere miſe en deliberation :
LA COVR a fait & fait tres-expreſſes inhibitions & defenſes à toutes
perſonnes de quelque qualité & condition qu'elles ſoient , de compoſer
& mettre en lumiere aucuns libelles iniurieux & diffamatoires , & à tous
Imprimeurs, Libraires , Relieurs & Colporteurs , d'imprimer , debiter,
ny expoſer en vente aucuns libelles ny autres écrits concernans les affaires publiques , ſans que le nom de l'Autheur , de l'Imprimeur , & du lieu
où l'impreſſion ſera faite , ſoient au commencement , auec la Permiſſion
regiſtrée au Greffe de la Cour , à peine de cinq cens liures d'amende , &
de punition exemplaire : Enjoint à tous Commiſſaires, Huiſſiers, Sergens & autres Officiers de Iuſtice , de ſaiſir & tranſporter les preſſes &
caracteres des Maiſtres Imprimeurs , & autres qui ſeront trouuez imprimans aucuns liures, libelles ou autres écrits, ſans ladite Permiſſion,
pour eſtre vendus au plus offrant & dernier encheriſſeur , en la maniere
accouſtumée , & les deniers en prouenans aumoſnez à l'Hoſtel-Dieu
de cette Ville de Paris, Meſmes d'arreſter & conſtituer priſonniers tous
les Imprimeurs, Colporteurs & autres qui ſeront trouuez imprimans ou
debitans telles pieces , pour leur eſtre le procez fait & parfait , & punis

ſelon la rigueur des Ordonnances. Ordonne qu'à la diligence du Procureur General du Roy, le preſent Arreſt ſera ſignifié au Syndic & Adjoints de la Librairie, pour eſtre leu & publié en la Communauté des Imprimeurs & Libraires, & outre publié & affiché par les carrefours & autres lieux accouſtumez de cette Ville de Paris. Enjoint au Preuoſt de Paris, ſes Lieutenans, de tenir la main à l'execution du preſent Arreſt, informer des contrauentions, & proceder à l'encontre des contreuenans ſuiuant la rigueur des Ordonnances & Arreſts. FAICT en Parlement le vingt-cinquiéme Ianuier mil ſix cens quarente-neuf.

Signé, DV TILLET.

ARREST DE LA COVR DE PARLEMENT,
Pour le payement des Rentes de l'Hoſtel de Ville de Paris.

Du 25. Ianuier.

LA Cour, toutes les Chambres aſſemblées, deliberant ſur les affaires preſentes, pour éuiter aux deſordres qui ſe pourroient commettre au payement des rentes de l'Hoſtel de cette Ville de Paris, & attendu la neceſſité preſente : A ORDONNE' ET ORDONNE aux Payeurs deſdites rentes, payer les arrerages d'icelles deubs, eſcheus & à eſcheoir aux Rentiers qui ſont preſents en cette Ville, à l'excluſion des abſens hors cette Ville : Fait defenſes auſdits Receueurs d'en vſer autrement, & de contrevenir au preſent Arreſt, ſans neantmoins tirer à conſequence pour l'aduenir. Faict en Parlement le vingt-cinquiéme Ianuier 1649.　　Signé, DV TILLET.

Ordonnance de Meſſieurs les Preuoſt des Marchands & Eſcheuins de la Ville de Paris, pour faire deſtendre les Chaiſnes. Du 26. Ianuier.

IL eſt ordonné aux Quartiniers, Cinquantiniers & Diziniers, de faire inceſſamment deſtendre toutes les Chaiſnes de la Ville, & fait defenſes à toutes perſonnes de les tendre & faire tendre qu'ils n'en ayent des ordres generaux ou particuliers de ladite Ville, tant de iour que de nuiĉt, à cauſe des paſſages de la Caualerie qui doiuent touſiours eſtre libres : Ce qui ſera publié à ſon de Trompe & cry public, & affiché où il appartiendra, à ce qu'aucun n'en pretende cauſe d'ignorance. Faiĉt au Bureau de la Ville le 26. Ianuier 1649.　Signé, LE MAIRE.

Ordonnance de Messieurs les Preuost des Marchands & Escheuins de la Ville de Paris.
Du 27. Ianuier.

ESTANT necessaire que tous les Bourgeois & Habitans de la Ville & Faux-bourgs de Paris ayent communication les vns auec les autres, & que chacun aille & vienne sans empeschement, aux lieux & endroits où il aura affaire, soit en carosse, à pied ou à cheual, & puisse faire passer les prouisions dont il aura besoin, tant de la Ville aux Faux-bourgs, que des Faux-bourgs en la Ville : IL EST ORDONNE' aux Capitaines & Gardes des Portes de ladite Ville, de ne faire aucune difficulté de laisser passer, aller, venir, & retourner les Bourgeois, carosses & harnois; Ensemble les prouisions qu'ils feront passer de part & d'autre, sans qu'il soit besoin d'aucun Passe-port que ces presentes, Laissant à cét effect toutes les nuicts le Guichet desdites Portes ouuert. ET afin que l'on n'en puisse abuser, Faisons deffences aux Capitaines & Gardes des Portes & aduenuës desdits Faux-bourgs, de laisser passer hors d'icelles aucunes personnes, cheuaux, carosses, ny bagages qu'ils n'ayent bon & vallable Passe-port. CE qui sera affiché ausdites Portes, & enuoyé aux Colonels de cette Ville pour le faire ainsi obseruer, A ce qu'aucun n'en ignore. FAIT & arresté en l'Hostel de ladite Ville, le Conseil de guerre assemblé, le vingt-septiéme Ianuier 1649.

Signé, **LEMAIRE.**

Ordonnance de messieurs les Preuost des Marchands & Escheuins de la Ville de Paris.

IL est fait deffenses à tous Maistres de Camps, Capitaines, Officiers & Soldats de l'armée, leuez pour le seruice du Roy & de la Ville, tant de Cauallerie, que d'Infanterie, qui sont logez tant en ladite Ville que Faux-bourgs, de prendre & exiger aucune chose de leurs Hostes que le couuert pour eux & pour leurs cheuaux; Et à eux enjoint de viure de la subsistance qui leur a esté accordée, à peine de punition exemplaire : & outre de rendre & restituer au quadruple tout ce qu'ils auront mal pris de leursdits Hostes, lesquels en seront creus à leur serment. Ce qui sera publié & affiché par tous les Carrefours & places publiques de ladite Ville & Faux-bourgs, à ce qu'aucun n'en ignore. FAIT au Bureau de la Ville le 27. Ianuier 1649.

Signé, **LEMAIRE.**

TRES-HVMBLE REMONSTRANCE
du Parlement, Au Roy, & à la Reyne Regente.

SIRE,

Voſtre Parlement outré de douleur, inueſty & preſſé par des armes commandées ſous voſtre Nom dans la Ville capitale du Royaume, exclus de tout accez à voſtre Majeſté & à la Reyne voſtre Mere, vous addreſſe cette Remonſtrance & Supplication tres-humble, accompagnée des ſentimens de tous vos fidelles Sujets.

SIRE lors que la Prouidence diuine mit la Couronne ſur la teſte de V. M. en vn âge auquel voſtre Perſonne ne pouuoit contribuer au bien de ſon Royaume que la qualité de Roy, qui porte l'image viuante de Dieu, & les benedictions qu'il auoit abondamment verſées en voſtre naiſſance; voſtre Parlement eſtima ne vous pouuoir rendre vn ſeruice plus important, que de ioindre ſes ſuffrages à ceux de la Nature & de toute la France, pour commettre à la Reyne voſtre Mere le gouuernement de voſtre Perſonne & de voſtre Eſtat. Il ne douta point qu'elle n'euſt touſiours pour vous & pour vos Sujets des entrailles de Mere, & en toute ſa conduite vn eſprit Royal ſuiuant ſon extraction.

Il eſtima ſur tout, que pour maintenir la liberté legitime, qui fait regner les Roys dans le cœur des Peuples, elle ne permettroit iamais qu'aucun particulier s'eſleuaſt en trop grande puiſſance au preiudice de la Souueraine; pource qu'elle ſçauoit par les lumieres que Dieu donne aux Ames qu'il deſtine pour regir les Eſtats, combien ſes eſtabliſſemens ſont contraires aux vrayes regles de bonne police, en toute ſorte de gouuernemens, & ſpecialement aux Monarchiques, qui ont pour loy fondamentale, qu'il n'y ait qu'vn Maiſtre en titre & en fonction; de ſorte qu'il eſt touſiours honteux au Prince & dommageable à ſes Sujets, qu'vn particulier prenne trop de part ou à ſon affection ou à ſon authorité, celle-là deuant eſtre communiquée à tous, & celle-cy n'appartenant qu'à luy ſeul.

D'ailleurs voſtre Parlement auoit ſujet de croire, que la propre experience de la Reyne voſtre Mere luy ſeroit vne garde fidelle, pour

G

ra guarantir de cét accident; ayant veu pendant le temps de son ma-
riage en deux notables exemples du Mareschal d'Ancre & du Cardinal de Richelieu, combien l'esleuation d'vn sujet en trop grande faueur & authorité auoit esté difforme iusques à quel poinct elle auoit
esté redoutable au Roy, & intolerable à ses Peuples.

Elle auoit veu sous le geuuernement de ces puissances les plus sain-
tes Loix violées, les Compagnies les plus celebres auilies, les personnes de toutes conditions opprimées, sans respecter les Royalles, non
pas mesme la sienne & celle de la feuë Reyne vostre Ayeulle. Bref il
n'y a rien eu de si sacré qu'elle n'ayt veu profaner par leur insolence &
leur ambition, ny rien de si cher à l'Estat qu'elle n'ayt veu consacrer à
leurs interests.

Toutes des considerations, MADAME, nous estoient des gages asseurez, que pendant vostre Regence nous ne pourrions tomber
en de semblables malheurs. Mais comme c'est le defaut ordinaire des
Bons (quelque illuminez qu'ils soient) de n'auoir pas assez de dé-
fiance des Meschans, pour ce que leur interieur est tousiours couuert
de bonne apparance, que plus leur poison est dangereux, plus ils le rendent agreable au goust, & que d'ailleurs les Princes entre tous les hommes sont les plus exposez à leurs surprises, ayans plus de bien entre les
mains; il est arriué que le Cardinal Mazarin, esleué par le Cardinal
de Richelieu, nourry dans ses maximes ambitieuses, & formé dans ses
artifices, succedant à son ministere, a succedé pareillement à ses desseins. Il n'a pas plustost eu l'honneur de vostre choix au maniement
des affaires, qu'il n'en ayt abusé, & qu'oubliant son deuoir & les o-
bligations qu'il auoit à sa Bienfactrice, suiuant l'exemple de celuy qui
l'auoit instruict, il n'ayt dressé tou e sa conduite à vsurper la supréme
authorité, dont vous estes la tutrice. De maniere que dés lors iusques
à present nous l'auons veu Maistre de la personne du Roy sous le nouueau titre d'Intendant de son education, & disposer sans reserue des
Charges, des Dignitez, des Places, des Gouuernemens, des Armes
& des Finances; conferer toutes les graces, sans vous donner part à
la gratitude; ordonner les peines, vous en laissant toute l'enuie; &
qu'en effet tous les Subjets du Roy & leurs fortunes particulieres,
aussi bien que la fortune publique, sont en sa seule dependance.

De là il est arriué, MADAME, que comme les interests de ceux
qui entreprennent sur l'authorité souueraine, sont tousiours contraires
à l'interest du Souuerain, nous auons veu sous son ministere vn vsage de
Politique estrange & toute opposée à nos mœurs; les vrais interests
de l'Estat abandonnez ou trahis, la continuation de la Guerre, l'éloi-
gnement de la Paix, les Peuples épuisez, les Finances dissipées ou de-
stournées, tout ce qu'il y a de considerable dans le Royaume, ou cor-
rompu, ou opprimé, pour assuiettir tous les François sous la puissan-

ce d'vn seul Estranger. Et finalement l'Estat au poinct où il est, à la veille de fa ruine, si Dieu ny met puissamment la main.

Qui ne void que le Cardinal Mazarin a tousiours voulu continuer la
Guerre, & essoigner la Paix, afin de se rend e plus necessaire & auoir
plus de pretextes de leuer de grandes sommes de deniers pour s'enrichir ? Qui n'a descouuert qu'en plusieurs occasions il a empesché nos
succez, pour faire balancer les affaires ? Tesmoin nos armées perduës
faute de subsistance deuant Lerida, les foibles secours de Naples enuoyez à contre-temps, le siege de Cremone, la perte de Courtray, &
autres actions de cette qualité.

Et quant à la negociation de la Paix, Qui est si grossiere, qui ne iuge
qu'il n'a iamais voulu donner part au secret de l'affaire qu'à son Con-
fident, quoy que le Duc de Longueuille & les autres Deputez de probité reconnuë, ne peussent estre suspects, & qu'il a mieux aymé perdre nos Alliez, que de faire la Paix coniointement auec eux; ce qui seroit vne faute criminelle, quand il n'y auroit point d'infidelité; & si les
declarations vniformes des Nonces font quelque foy : si la propre
confession dudit Cardinal peut seruir à le conuaincre, apres auoir dit
tant de fois, qu'il tenoit la paix entre ses mains, outre la voix publique
qui le declare par tout, & la chose qui parle d'elle-mesme : Il n'est que
trop éuident qu'il à trahy nos vrais interests en cette affaire si importante : Et cette seule preuarication en vn suiet de cette qualité, ne me-
riteroit elle pas vn supplice, qui égalast en quelque sorte les miseres
& les desolations qu'elle à causées. Mais on peut encore raisonnable-
men tirer cette induction de son proceddé, qu'il auoit la pensée de partager vn iour la France auec l'Espagnol, & nous sommes peut-estre à
la veille de l'esprouuer.

Quant à l'abus & la depredation des Finances, le Cardinal Mazarin
oseroit-il dire, qu'il y ayt eu quelques limittes à sa conuoitise. SIRE,
les Souuerains, ligitimes tuteurs du peuple, regardent leur bien comme
le bien d'autry, pour en vser; & pour le conseruer, ils le considerent
comme leur bien propre : de maniere qu'ils n'y mettent iamais la main
sans necessité, ny sans mesure. Mais les Vsurpateurs de l'authorité souueraine regardent le bien du peuple comme leur proye, sont auides
de sa substance, & la derniere goutte de son sang est la seule borne de
leur cupidité.

Telle a esté celle du Cardinal Mazarin, qui a si fort espuisé le Royaume pour s'enrichir, qu'il y a peu de personnes à la Campagne ausquelles il reste vn lict pour se coucher, moins à qui il ayt laissé dequoy auoir du pain suffisamment pour se nourrir auec son trauail, &
il n'y en a point du tout qui puisse viure sans incommodité. De sorte que

si vostre Parlement touchez des sentimens de vostre service & des motifs de la charité, n'eust arresté le cours de ses insupportables exactions, le moindre mal eust esté que vos Peuples fussent tombez dans l'impuissance, ou dans le desespoir auant la fin de la derniere année; & il seroit inutile de marquer toutes les voyes qu'il à tenuës pour faire vne telle depredation. Les seuls fonds immenses qu'il à consommez dans la Marine, dont il a disposé sans en rendre compte, seroient capables d'épuiser vos Finances. Il suffit de dire, Qu'il est le Maistre, Qu'il prend tout ce qu'il peut toucher, comme s'il estoit sien; Qu'il à côserué & augmenté le nombre des Partisans & gens d'affaires, qui sont les sangsuës qui luy facilitent le moyen pour auoir de l'argent comptant; Qu'il à leué plus de quatre vingts millions de liures par an, Qu'il nous à engagez de cent cinquante; & que l'on ne trouue plus presque d'or ny de bonne monnoye en France. Iugez de là, SIRE, où il est.

Mais le plus notable interest, le plus criminel & le plus contraire qu'il ayt eu à celuy de V. M. ça esté de vouloir tirer vos Subjects de vostre dependance, pour les mettre en la sienne, ou de leur consentement ou par force. Dieu sçait ceux qu'il a corrompus; il est assez aysé d'en descouurir quelques-vns dans le nombre de ses Partisans; Et l'occasion presente sera vne pierre de touche, pour marquer ceux qui sont à vous ou à luy.

Ce qui n'est que trop public, sont les violences qu'il à faites pour destruire les vns, & pour intimider les autres. La detention du Duc de Beaufort trouué innocent fut son coup d'essay, suiuy de celle du Mareschal de la Motthe Houdancourt; & en ces derniers temps, des Officiers de vostre Grand Conseil & Cour des Aydes, & d'vn grand nombre de proscriptions, d'emprisonnemens, & autre mauuais traittemens plus ou moins inhumains, selon que la resistance à sa tyrannie luy estoit plus ou moins nuisible ou odieuse; Et les exemples de cette qualité sont en tel nombre & si notoires, qu'il seroit superflu de les deduire.

Seulement vous supplierons nous d'obseruer, SIRE, que comme vostre Parlement est le plus fort rempart pour defendre vostre Authorité, & le plus redoutable Aduersaire de ceux qui la veulent vsurper; d'ailleurs qu'il est incapable de recognoistre vn autre Maistre que son Roy legitime: Et quand il s'est trouué des conseils assez pernicieux, pour entreprendre de changer l'ordre de la succession à la Couronne, ce Parlement s'y est opposé auec tant de vigueur qu'il à plutost souffert qu'on le declarast criminel de leze-Maiesté, que de relascher quelque chose de sa resistance, comme il est encore prest de le souffrir pour vn mesme suiet. Le Cardinal Mazarin n'a rien obmis d'artifices & de violences pour abbattre cette grande Compagnie.

Ses

Ses artifices n'ont pas esté des tentations pour la corrompre, sçachant qu'il n'y eust pas reüssy: Mais les sinistres impressions qu'il a données à vostre Majesté, MADAME, d'vne Compagnie si exempte de soupçon, afin de vous induire à commander de rudes executions contre les Particuliers, & des traitemens injurieux contre le Corps. Et en cela sa malice & sa calomnie ont paru grandes, & ses artifices bien surprenans; puis qu'ils ont persuadé vostre Majesté, MADAME, contre ses naturelles inclinations à bien faire, & à sauuer les hommes, de traiter si estrangement le particulier & le general d'vne Compagnie, qui vous a seruie auec tant de zele, & à qui vous auiez donné tant de part en l'honneur de vostre bienveillance.

A peine le Cardinal Mazarin a-t'il esté dans les affaires, qu'il a commencé par la proscription & l'emprisonnemēt d'vn nombre de Senateurs, pour fraper vne partie du Corps, & imprimer la terreur dans l'autre. Et certes l'emprisonnemēt du President Barrillon conduit dans vne citadelle hors du Royaume mort peu de mois apres sa détention, laissāt le soupçon funeste d'vne cause violéte de sa fin, qui a esté vne des plus cruelles actions que nous ayons veües depuis que nous éprouvons la tyrannie des puissans Favoris, estoit bien capable de faire craindre des courages mediocres. Mais comme il est malaisé de soumettre par cette passion vn si grand Corps, qui ne craint que de manquer à son déuoir, ces exemples de violences ne l'ont pas empesché qu'auec l'auis des Compagnies Souueraines, voyant le Peuple oppressé par des impositions, des leuées, des taxes, & autres telles vexations, qui se commettoient par voye de faict, ou par la seule authorité des Arrests du Conseil, il n'ait pour satisfaire aux obligations de sa charge pris connoissance des causes de ce desordre, & n'en ait aucunement arresté le cours. Et nous pouuons dire à V. M. sans exaggerer, que si vostre Parlement n'eust interposé vostre Authorité pour empescher ces oppressions, le Peuple eust esté bien-tost ou dans l'impuissance ou dans le murmure : Ce premier mal est la foiblesse des Estats, & le dernier est la disposition aux reuoltes, que les sages Politiques doiuent tousiours preuenir, sçachant bien que la patience des hommes est limitée, & que Dieu ne met pas mesme la constance des Iustes à toutes espreuues. Les seruices que nous auons rendus à V. M. SIRE, en soulageant vos Sujets, & vous remettant en possession de vos reuenus ont empesché ces accidens; mais ils ont allumé la haine du Cardinal Mazarin contre vostre Parlement, le voyant vn obstacle à sa tyrannie; Et c'est le sujet qui l'a fait recourir à de nouueaux moyens pour le perdre.

De là est venu le traittement outrageux, qu'il receut publiquement à la face de vos Majestez, de leur Cour, & de toute la France, où cette Compagnie fut traittée de rebelle & de factieuse par la bouche du Chancelier, en vn lieu où la moindre action de dureté blesse la dignité Royale. De là vint en suite la proscription de plusieurs Senateurs, & l'emprisonnement de deux des principaux en vn iour dedié à la joye publique, & à

H

loüer Dieu du fuccez qu'il luy auoit plû donner à nos Armes; deformité eftrange, pour ne pas dire impieté facrilegue, d'auoir meflé vn tel deüil dans vne fi fainte réjouïffance! Confeil noir & cruel, mais d'ailleurs plein d'aueuglement, qui excita auffi-toft les imprecations publiques contre le Cardinal Mazarin, l'ire de Dieu fur luy, mais fa bonté fur nous, pour les deliurer par vn jugement fecret de fa Prouidence, quoy que par vn moyen contraire à noftre intention.

Mais ce premier effort, bien que fans fuccez & condamné par des marques fi vifibles de la protection du Ciel en noftre faueur, ne changea ny fon deffein ny fa haine. Celle-cy fe ralluma plutoft dans fon cœur, & y demeura plus actiue qu'auparauant; & fon deffein fut feulement couuert de diffimulation, afin de prendre mieux fon temps & fes mefures, pour le faire reüffir. A cét effet il nous entretint par des conferences, qui aboutirent à vne Declaration contenant la reforme des defordres publics, qui pourtant fut auffi-toft enfreinte que publiée, mais cette conduite n'alloit qu'à nous ébloüir par vne apparence de bonne intention, pour faire paffer en fuite vne autre Declaration adreffée à la Chambre des Comptes, qui reftabliffoit l'vfage des prefts & des auances, & le credit des gens d'affaires, afin de tirer d'eux vne grande fomme d'argent pour fa derniere main auant que partir, & executer plus puiffamment fa refolution.

Cette refolution n'eftoit autre que de nous faire perir par vn coup de foudre, & nous enuelopper auec Paris dans vne commune ruïne, abbatre du contre-coup tous les Parlemens & toutes les autres Villes dont Paris eft comme le Chef; ce faifant, eftre en eftat de fe rendre Maiftre d'vn Royaume defolé, ou de le partager auec ceux qui luy font neceffaires pour executer fes entreprifes, ou en faire tomber la meilleure partie entre les mains des Eftrangers, pour y prendre fa retraitte & y trouuer fon eftabliffement. Il y a grande apparence qu'il eft des-ja d'accord auec eux, puis qu'il retire les Garnifons de nos frontieres au mefme temps qu'ils font puiffamment armez, & qu'il met le trouble dans le Royaume, qui eft tout ce que les Efpagnols ont toufiours defiré. Pour peu qu'on ait de fens, ne voit-on pas fa trahifon à defcouuert par fa derniere action, fes circonftances & fes fuittes. V. M. enleuée par furprife, voftre Perfonne en fon pouuoir, vous ayant ofté les Capitaines de vos Gardes, gens de condition & de probité, la Lettre enuoyée à l'Hoftel de Ville, qui declare que le Parlement a conjuré contre fon Prince; vne feconde Lettre qui luy commande de nous traitter comme criminels de Leze-Majefté, ce qui n'alloit pas à moins que de nous faire defchirer par le Peuple, & caufer vn maffacre general dans Paris, la Ville eftant au mefme temps bloquée, les paffages faifis, & les defences faites à tous les lieux circonuoifins d'y porter des viures. Peut-on regarder tout ce procedé, qu'on ne voye quand-&-quand que la conjuration eft telle, que nous la reprefentons à Voftre Majefté. Conjuration deteftable, mais Conseil funeste & barbare, qui ne peut auoir esté pris sans que le Demon qui marche dans les tenebres y ait presidé, & que les Anges tutelaires de la France en ayent esté bannis.

SIRE, Nous appellons icy tout ce qu'il y a d'Ames vrayment Françoises, pour se joindre à nos sentimens & à nostre conduite, à l'exemple de ces personnes Illustres, qui ont désja signalé leur zele en cette occasion; afin de confondre promptement l'Autheur de tous ces maux, deliurer vostre Personne de ses mains, & retirer vostre Estat de sa ruine. C'est là l'vnique voye de salut; & si son party subsiste quelque temps, la France est perduë sans resource.

Si nous estions si mal-heureux que de succomber, le Cardinal demeureroit Maistre d'vn Estat affoibly, qu'il partageroit auec ceux qui l'ont assisté : si nostre resistance ne fait que balancer les affaires, nous verrons naistre à nostre grand regret vne guerre ciuille, qui donnera loisir aux Estrangers d'entrer en France & de se joindre audit Cardinal ; les Espagnols estant bien asseurez que nous ne pouuons auoir intelligence auec eux ; parce qu'il est impossible que les interests que nous auons à la conseruation de la Monarchie, à cause de nos charges qui en dependent, puissent compâtir auec leur dessein. D'où V. M. peut iuger à quelle extremité le Cardinal Mazarin vous a reduit, vous ayant jetté dans la necessité ou de le perdre bien-tost pour vous sauuer & la Fortune publique, ou de perdre vos plus fidelles Seruiteurs & vostre Estat conjointement.

SIRE, dans le mouuement perilleux où nous voyons la fortune penchante de vostre Royaume, nous nous trouuons obligez de iustifier nostre conduite à V. M. & à toute la France. Nous serions inconsolables, si nous ne croyions auoir satisfait à tout ce que la Iustice & la Prudence desiroient de nous, pour éuiter ou esloigner l'accident où nous sommes tombez ; l'vn & l'autre nous ont obligez de mettre la main au soulagement de vos Peuples, qui succomboient sous le faix, afin d'empescher leur ruine ou leur reuolte. Mais à l'égard du Cardinal Mazarin, qui estoit coupable de leurs souffrances ; si la Iustice demandoit la punition de sa tyrannie, la Prudence nous portoit à la dissimuler, comme nous auons fait.

Nous sçauions bien que le crime d'vsurpation est de la qualité des passions violentes, qui se rendent maistresses des ames qui les reçoiuent ; & que pour peu qu'il soit consommé, les loix sont trop foibles pour le chastier. Ceux qui entreprennent sur la puissance du Souuerain, ne manquent pas d'imiter ce fameux Sculpteur, qui graua si artistement son image dans la statuë qu'il destinoit au public, qu'il estoit impossible de l'en oster, sans mettre l'ouurage en pieces. Les Vsurpateur de l'Authorité du Prince, s'attachent si fort à sa personne & se rendent si necessaires dans ses affaires par leur adresse, qu'il est presque impossible de les en separer, sans causer vne convulsion tres-perilleuse à l'Estat : & comme ces maux sont presque incurables, quand ils ont pris racine, pour peu que ce foit, les Sages en attendent la guerifon plûtoft de la feule Prouidence de Dieu, que de leur conduite ; Ainfi nous nous fommes veus deliurez deux fois par fa main propice de ces maladies mortelles ; & nous euffions attendu vn pareil fecours fans agir contre le Cardinal Mazarin, non pas mefme dans cette occafion, fi nous n'y euffions efté contraints pour noftre iuftification & pour voftre feruice.

SIRE, auffi-toft que voftre Parlement eut la nouuelle de voftre fortie, qui fembloit plûtoft vn enleuement que le depart d'vn Roy de fa Ville Capitalle : & que nous euîmes veu la Lettre écrite aux Preuoft des Marchands & Efcheuins, où nous Lifions manifeftement le nom & le deffein du Cardinal Mazarin, nous ne voulûmes pas obmettre, bien que vainement, de prendre toutes les voyes qui pouuoient empefcher l'efclat qui eft furvenu. Pour cela nous deputafmes vers vos Majeftez les Aduocats & Procureur Generaux, perfonnages d'âge, de probité & de fuffifance, qui pouuoient s'il y euft eu lieu, porter les chofes à quelque moderation, ayant charge de faire & d'offrir toutes fortes de foumiffions à vos Majeftez de la part de la Compagnie. Mais leur retour nous fift voir que le Cardinal Mazarin fçait bien pratiquer cette maxime de Politique viticufe, que qui offenfe, ne pardonne point ; & d'ailleurs que la cruauté eft le propre des ames foibles & des animaux timides, qui ne démordent point quand ils font en eftat de mal faire. Apres que les Deputez nous eurent rapporté le traittement qu'ils auoient receu, refufez durément, renuoyez au milieu de la nuict, & qu'ils nous eurent declaré que la Ville eftoit bloquée, voftre Parlement n'auoit plus que l'vn de deux confeils à prendre, ou celuy de fouffrir patiemment la violence preparée, ou celuy de fouffrir patiemment la violence preparée, ou celuy d'armer pour noftre commune conferuation. En l'vn & en l'autre cas, il eftoit neceffaire pour voftre iuftification ou pour la noftre, de declarer le Cardinal Mazarin Ennemy de voftre Majefté & du Public ; ce que la prudence nous auoit fait differer jufques alors : fi nous auions à perir, toute la Terre deuoit fçauoir que c'eftoit par la violence de noftre Ennemy, & non point par celle de noftre Roy, qui n'employe jamais fes forces que pour nous proteger. Et fi nous auions à nous defendre, il deuoit eftre pareillement notoire que c'eftoit contre vn Tyran, & non point contre noftre Maiftre, fous le nom duquel nous nous profternons, & pour lequel nous n'auons que des fentimens d'obeïffance.

Sans cette declaration, ou noftre perte deshonnoroit la reputation de V. M. ou noftre defenfe nous couuroit à iamais d'vne criminelle infamie : Mais fi nous n'euffions efté touchez que de l'intereft de nos fortunes & de nos vies nos inclinations nous euffent aifément refolus à prendre le party de la fouffrance ; nous les euffions volontiers immolées & celles de nos Concitoyens, au refpect que nous portons à voftre nom & à voftre bras qui frapoit le coup, fans confiderer celuy qui faifoit l'injure. La mort,

quel-

quelque terrible qu'elle soit auec ses pompes & ses appareils plus affreux, ne nous pouuoit faire tant de peur que le moindre manquement d'obseruation & de soumission à tout ce qui porte vostre caractere : Et bien que la Loy naturelle plus ancienne & plus absoluë que toutes les autres, nous rende tous moyens legitimes pour conseruer ce qu'elle nous a liberalement donné ; si nous eussions pourtant jugé que ce martyre eust esté innocent , & qu'il n'eust point tiré vostre ruïne & celle de vostre Estat ineuitablement à sa suite, nous eussions mieux aymé mourir que de nous seruir du priuilege de la Nature, pour nous defendre contre des armes commandées sous le nom de nostre Souuerain. Vostre conseruation, SIRE, & celle du Royaume, est la seule cause de nostre defense & le motif de nostre Arrest, qui ordonne que Paris prendra les armes; nostre salut particulier n'est pas nostre principal objet, en cette occasion nous ne le regardons que comme vn moyen necessaire au vostre.

C'est là, SIRE, où nous referons nos meilleurs souhaits, c'est là où tendent nos armes, hors de là nous n'en voulons jamais d'autres pour vous resister, que les prieres, qui sont les seules armes legitimes, mais bien puissantes, que Dieu a données aux Subjets pour flechir les Roys sur la Terre, & pour le forcer luy-mesme jusques dans le Ciel.

Et il importe de faire sçauoir à vos Peuples que nous n'auons point de mains pour nous opposer à V. M. & qu'elle n'estend iamais les siennes sur nous, que pour nous departir des biens-faits; de sorte qu'on ne luy doit non plus donner de part au dessein cruel que l'on veut executer contre nous; que l'on n'en peut prendre sans crime à ses actions de grace & de clemence.

Receuez donc , s'il vous plaist , nostre resolution de prendre les armes, non pas comme vn acte de rebellion, mais comme vn effet de nostre deuoir : Nous ne nous defendrions pas en cette extremité, si nous le pouuions obmettre sans crime , & sans encourir le reproche de Dieu & des hommes, d'auoir laissé lâchement perir nostre Roy par vn faux zele plein d'ignorance ; parce que celuy qui nous opprime pour vous perdre en suite, est reuestu de son nom & de son authorité.

SIRE, apres auoir rendu ce compte à V. M. des motifs de la resolution que nous auons prise, & de l'Arrest que nous auons donné, qui n'a point d'autre fin que vostre salut, il ne nous reste qu'à supplier treshumblement vos Majestez qu'il leur plaise de les fortifier par leur approbation, & ce faisant condamner le sinistre conseil du Cardinal Mazarin ; Et puis qu'il ne s'est pas retiré de vostre Cour, le mettre entre les mains de la Iustice, afin d'en faire vn exemple notable qui demeure à la posterité, pour garentir à iamais nos Roys d'vne vsurpation pareille à celle dont il est coupable.

Vos Maiestez mettront le calme dans l'Estat, leurs Personnes & la Fortune publique en seureté, la France hors du peril éminent d'estre enuahye & partagée entre cét Ennemy domestique & les Estrangers; & tous

les François d'vn esprit vnanime se rallieront pour forcer l'Espagne de
consentir à la Paix tant desirée de toute la Chrestienté, & si necessaire
au bon-heur de vos Peuples.

MADAME, apres cette Remonstrance & cette Supplication tres-
humble, assistée des suffrages de tous les bons François, si vous reteniez
dauantage le Cardinal Mazarin, permettez-nous de dire à V. M. que
vous seriez responsable deuant Dieu & deuant les hommes, du dépost
sacré de la Personne du Roy & de l'Estat que la France a mis entre vos
mains. Et nous ne pouuons douter sans faire tort à Monsieur le Duc
d'Orleans, & à Monsieur le Prince de Condé, qu'ils ne vous portent à
cette resolution, ny iuger qu'ils ayent eu vn autre esprit en l'occasion
presente, que de prester vne obeïssance aueugle à vos Commandemens
sans s'informer de l'Autheur, ny des raisons du Conseil qui a esté donné,
non plus que des auis supposez pour fabriquer l'atroce calomnie contre
les Officiers du Parlement. Mesme nous ne iugerions pas sainement
d'eux, si nous n'estimions qu'ils ont suiuy vos Majestez, plustost pour
les garentir des entreprises du Cardinal Mazarin, que pour ayder ou
consentir à ses desseins pernicieux; ce qui seroit vne action aussi indigne
de leur naissance, que nous la croyons contraire à leurs inclinatións.

Mais comme nous ne doutons point, que vos Majestez ne donnent à
la Iustice, à vos vrays interests, à ceux de l'Estat, & à tant de larmes qui
sont les voix des miserables, ce que nous leur demandons instamment
par nos tres-humbles supplications; nous les asseurons au nom de tous
les gens de bien, que cette action sera suiuie d'applaudissemens, d'acclamations publique, & des benedictions de Dieu : Et nous protestons,
SIRE, qu'aussi-tost vostre Parlement, toutes les Compagnies Souueraines & vostre bonne Ville de Paris, se prosterneront à vos pieds, pour
vous renouueller les vœux de leur parfaite obeïssance.

Ainsi puissiez-vous, MADAME, consommer dignement le grand
Ouurage de la conseruation de ce puissant Empire, que Dieu a deposé
entre vos mains : Ainsi puissiez-vous donner à la France le repos & tous
les effets de la Paix bien-heureuse, & que la Posterité regardant vostre
Administration loüe à jamais la Regence des bonnes & vertueuses Meres.
Ce sont là, SIRE, les vœux de tout ce qui vous est fidelle en France, &
les supplications des Officiers de vostre Parlement, qui ne sçauroient
estre autres que vos tres-humbles, tres-obeïssans & tres-fidelles Subjets
& Seruiteurs. A Paris en Parlement le vingt-vniéme Ianvier mil six
cens quarante-neuf. Signé, DV TILLET, Greffier en chef de
ladite Cour.

DISCOVRS PRONONCE' EN PRESENCE

du Roy, par le Sieur F o v r n i e r, Preſident en l'Eſlection, & premier Eſcheuin de la Ville de Paris, l'vn des Depu-tez d'icelle vers Sa Majeſté, le 8. iour de Ianuier 1649.

SIRE,

Proſterné aux pieds de V. Majeſté, je viens luy rendre compte de ce qui s'eſt paſſé depuis ſon depart en ſa bonne Ville de Paris, que ie dois maintenant affligée, mal-heureuſe & infortunée au dernier point : Auſſi toſt que nous euſmes, appris cette funeſte nouuelle, l'affliction & l'étonnement dont nous fuſmes ſaiſis, ne nous empeſchérent pas d'employer tous nos ſoins pour maintenir en veneration l'auctorité de V. M. & de donner tous les ordres neceſſaires pour faire en ſorte que le reſpect que nous luy deuons ne receuſt aucune atteinte. Noſtre zele, SIRE, ne rencontra pas beaucoup de difficultez à combattre, & nous trouuaſmes les eſprits de nos Citoyens tellement diſpoſez à l'obeïſſance, que nous n'euſmes aucun ſujet de douter de leur fidelité, les cris dont le peuple rempliſſoit l'air des vœux qu'il faiſoit pour V. Majeſté, nous en donnoit d'aſſez fortes preuues, & ces acclamations de *Viue le Roy*, qui vous ont eſté autre-fois ſi agreables, nous exprimoient aſſez clairement les ſentimens de ſon deſplaiſir, & ceux de ſon affection : C'eſtoit la plus douce conſolation dont ce peuple affligé ſoulageoit ſa douleur preſente, & les apprehenſions de l'aduenir : Et l'on iugeoit, à voir de quelle ſorte ſon zele & ſa voix pouſſoient iuſques dans le Ciel les prieres qu'il faiſoit pour voſtre conſeruation, qu'il croyoit, que le ſalut de V. M. eſtoit celuy de tout le public, & le plus certain remede que Dieu peuſt apporter à ſes infortunes. Voila, SIRE, dans quels ſenti-mens d'affection & de reſpect, eſt voſtre Ville de Paris, & ie m'aſſeure que V. M. n'en doute point, apres les preuues que nous oſons nous flatter de luy en auoir données en tant de rencontres, où nos bourſes ne vous ont pas eſté moins ouuertes que nos cœurs, ayant volontairement fourny tant de millions depuis la guerre declarée contre l'ennemy de cét Eſtat. Mais helas ! que dis-je, & pourquoy m'efforçai-je inutilement de ra-menteuoir à V. M. nos ſeruices paſſez, lors que noſtre mal-heur en efface le ſouuenir & le merite, & qu'vne indignation dont nous ne pouuons nous accuſer, luy ferme les oreilles à nos iuſtes plaintes ? Ha ! SIRE, puiſque nous ſommes tombez iuſques à ce point de diſgrace, permettez-moy de quitter les pieds de V. M. pour me ietter à ceux de la Reyne, que nous ne recónoiſſons pas moins pour la Mere de la France, que pour celle de V. M. Oüy, MADAME, nous pouuons vous appeller de ce nom, puiſque vous

auez donné à ce Royaume la sacrée Personne du Roy, & celle de Monseigneur le Duc d'Anjou, qui par leur naissance miraculeuse, nous mar-
quent la protection Diuine, & les étroites obligations que nous auons à
V. M. Ainsi donc, MADAME, outre ces deux enfans qui vous sont si
chers, vous en auez encor vn troisiéme, que l'affection & la tendresse des
premiers ne vous doit pas faire abandonner : C'est vostre Peuple de Paris,
dont l'amour & l'obeïssance a tant contribué à la grandeur des deux autres. Ha! MADAME, que V. M. descende vn peu jusques à nous, pour
considerer l'estat deplorable de nostre Ville, qui durant l'absence de Vos
Majestés, se peut dire vn corps sans ame, sans mouuement & sans forme.
Cette Ville, MADAME, qui a toûjours esté le rempart de la France contre
les efforts des Estrangers, destituée qu'elle est de son Chef, a perdu sa
vigueur & sa conduite, & reconnoist auec vn regret extrême, qu'il n'y a
que Vienne & Madrid qui profitent de son mal heur, & que les seuls ennemis de l'Estat, qui tirent aduantage de ses disgraces. Voudriez-vous,
MADAME, apres que la France a gagné tant de batailles signalées souz
les heureux auspices de vostre Regence, en perdre le fruict en vn seul
iour, tournant vos armes victorieuses contre vos propres Subjets? Quel
succés pouuez-vous esperer de cette entreprise, que la perte de ceux qui
vous sont acquis, & la ruine de la plus puissante Ville de vostre Empire,
l'ouvrage de tant de siecles, la residance des premiers Monarques du
monde, le sejour de vos delices, & le lieu sur lequel vostre pieté auoit at-
tiré les benedictions du Ciel & les prosperitez de la terre : Hé! quoy,
MADAME, seroit-il bien possible, qu'vne Reyne issuë des Rois Catho-
liques, femme & Mere d'vn Roy tres-Chrestien, & qui est encores plus
recommandable par ses propres vertus, que par l'esclat de toutes ces gran-
deurs, que l'on voit si souuent s'approcher de l'Autel auec des sentimens
d'vne deuotion si exemplaire, se rende inexorable aux plaintes d'vn peuple innocent qui s'humilie à ses pieds, & puisse loger en son cœur des
mouuemens de colere & de vengeance? Ha! MADAME, jettez vos re-
gards pitoyables sur nostre mal-heureuse Ville, & faites vn peu reflexion
sur les miseres où vostre rigueur nous va plonger, & dont il ne sera pas
facile apres de restablir les ruines : Considerez la Iustice abandonnée, le
commerce interrompu, les familles ruïnées, les pauures sans secours, les
vefues & les orfelins sans appuy, les Eglises sans culte, & toute la Ville
sans ressource : Sera-t'il possible, MADAME, que vostre pieté vueille a-
bandonner tant d'innocens de l'vn & l'autre sexe, à l'auarice & à la bru-
talité du soldat insolent? tant de Conuents & de Monasteres où V. M.
nous a si souuent donné des preuues de sa deuotion, à la profanation des
mains sacrileges? & tant d'Hospitaux où elle a fait reluire sa charité, au
desespoir de la faim & de la misere? Non, MADAME, nous auons de plus
saines pensées de vostre clemence, & nous esperons que nos souspirs & nos
larmes ne trouueront point en vous vn cœur inaccessible. Nous vous
en conjurons, MADAME, par tout ce qu'il y a de plus saint & de plus
Au-

Auguste dans le monde, par vos bontez mesmes, par nos respects &
nos submissions, & par ce cher fils dont les douces inclinations n'attendent que les mouuemens de vostre pitié pour les suiure, & pour appaiser
ceux de son indignation. Ha! SIRE, apres des conjurations si pressan-
tes, je commettrois vn crime, si i'auois recours à d'autres persuasions.
Vostre Majesté me permettra donc (s'il luy plaist) de finir icy mon
discours, aussi bien mes larmes & mes sanglots entre-coupez m'empes-
chent d'en dire dauantage, & ne me laissent la liberté de la parole, que
pour luy confirmer encores les protestations d'vne fidelité inuiolable,
& l'assurer au nom de sa bonne Ville de Paris, que si Vostre Majesté
nous honore de son retour, si ardemment souhaité de nos Citoyens,
nous tâcherons par toutes sortes de deuoirs de luy donner de nouuelles
preuues de nos affections, & luy faire cognoistre à l'aduenir que nous
ne serons jamais autres que les tres-humbles, tres-obeïssans & tres-
fideles Subjects, & Seruiteurs de Vostre Majesté.

ARREST DE LA COVR DE PARLEMENT,

*Portant absolution de la calomnieuse accusation intentée
contre Monseigneur le Duc de Beaufort par le Cardinal
Mazarin.*

Du 15. Ianuier 1649.

VEV par la Cour, les grande Chambre, Tournelle & de l'Edict
assemblées, les Lettres Patentes du Roy données à Paris le
dix-septiesme May mil six cens quarante-cinq, signées LOVIS,
Et par le Roy, la Reyne Regente sa Mere presente, De Guenegaud,
scellées sur simple queue du grand Sceau de cire jaune: Par lesquelles
& pour les causes y contenuës, ledit Seigneur mandoit à ladite Cour,
& commettoit qu'elle eust incessamment & sans delay, les trois Chambres assemblées, ainsi que le cas le requeroit, à la requeste du Procureur
General du Roy, faire & parfaire le procez au sieur de Beaufort & ses
complices, sur le faict de la conspiration & attentat à la personne de son
tres-cher & tres-amé cousin le Cardinal Mazarin, circonstances & dépendances, à cette fin auroit renuoyé à ladite Cour les charges, informations, & autres procedures encommencées par les sieurs de Montescot
& le Nain, Maistres des Requestes ordinaires de son Hostel, par luy
commis, suiuant & ainsi qu'il est plus au long porté par lesdites Lettres
Arrest de ladite Cour du vingt-neuf dudit mois de May, par lequel
auroit esté ordonné que lesdites Lettres seroient registrées au Greffe
d'icelle, pour estre executées selon leur forme & teneur. Autres Lettres
patentes du trois Octobre mil six cens quarante-trois, par lesquelles
ledit Seigneur Roy auroit commis ledit Montescot, pour proceder
extraordinairement contre ceux qui se trouueroient participans & com-

plices du fufdit crime. Interrogatoires & auditions par luy faits des nommez François Dupont, fieur d'Auencourt, Florimond, de Monfures fieur de Braffy, Touffaint Rouault, Nicolas Thibouuille, Iean Greuet, Claude Maupaffant, Thomas Varin, Pierre Gaillart, Claude Regnauldot, Iean Vautier, François Dandelle fieur de Gauffeuille, & René Chenu fieur de Sainct Philbert, les treize, quatorze, feize, dix-fept, dix-neuf, vingt, vingt-deux dudit mois d'Octobre mil fix cens quarante-trois, vingt-cinq, vingt-fix, vingt-neuf Ianuier, dix-neuf, vingt, & vingt-trois Février mil fix cens quarante-quatre. Information faite par ledit Commiffaire les quatre & fix Nouembre audit an mil fix cens quarante-trois. Autres interrogatoires faits par ledit le Nain, en vertu de la commiffion du vingt Mars audit an mil fix cens quarante-quatre, aux nommez Ioannet la Ralde, Bertrand de Combaut, & Henry le Mufnier, les trente Auril, premier & douze May enfuiuant, & par ledit de Montefcot à iceux Mufnier, la Ralde & Combault, comme auffi aux nommez Pierre Vigier & Pierre Durand, les huict, douze, quatorze, feize, vingt-cinq, vingt-fix & vingt-fept Nouembre audit an mil fix cens quarante-quatre. Confrontation faite par lefdits Commiffaires aufdits Dupont & de Monfures du vingt-fept dudit mois d'Octobre mil fix cens quarante-trois. Autres confrontations faites audit de Gauffeuille le vingt-huict dudit mois de Février mil fix cens quarante-quatre, & aufdits Mufnier, Vigier, la Ralde & de Combault les vingt-deux, vingt-trois, vingt-fix, & vingt-fept dudit mois de Nouembre fuiuant. Autre Arreft de ladite Cour du trente Aouft mil fix cens quarante-cinq, par lequel Commiffion d'icelle auroit efté octroyée audit Procureur Général, pour faire informer des faits mentionnez efdites lettres, circonftances & dépendances, & à cette fin obtenir monition en forme de droict, ordonné que les telmoins oüys efdites informations feroient repetez fur leurs depofitions; comme auffi iceux Dandelle, Dupont, de Monfures, Roüault, Thibouuille, Chenu, la Ralde, de Combault, Mufnier, Viger, Greuet, Maupaffant, Gaillard, Thomaffe, Varin, Regnauldot, Vaultier & Durant, repetez fur leurs interrogatoires pardeuant Meffieurs Iean Scarron & Michel Ferrand Confeillers Rapporteurs, pour le tout veu communiqué audit Procureur General, faite droit ainfi qu'il appartiendroit. Procez verbaux de repetition faite par lefdits Commiffaires en execution dudit Arreft d'iceux Dandelle, Dupont, de Monfures, Rouault, Thibouuille, la Ralde, de Combault, Mufnier, Viger, Greuet, Maupaffant, Gaillard, Thomaffe, Varin, Regnauldot, Vaultier & Durand, lors prifonniers au Chafteau de la Baftille, fur tous leurs interrogatoires, les dix-huict, dix-neuf, vingt-deux, vingt-trois, & vingt-cinq Septembre audit an mil fix cens quarante-cinq. Autre procez verbal de repetition par eux faite les dix-fept dudit mois, & fix Octobre fuiuant, de Simeon Lauenet, Anthoine Fricquet, Anthoine Maruc, dit Largentier, & de Gafpard du Quefnoy, tefmoins ouïs en l'information defdits quatre & fix Nouembre mil fix cens quarante-trois , sur leurs depositions : Information faite par lesdits Commissaires en execution dudit Arrest le vingt-huict dudit mois de Septembre. Autre procez verbal desdits Commissaires du onze Decembre audit an mil six cens quarante-cinq , contenant l'audition dudit Combault sur sa requisition , & missiue par luy representée , paraffée *ne varietur*. Procez verbaux d'eslargissement desdits de Combaut, Brassy, Ganscuille , & autres cy-dessus nommez. Requeste presentée à la Cour par ledit sieur de Vendosme Duc de Beaufort, le quatorziéme du present mois, à ce que pour les causes y contenuës , il fut , entant que besoin seroit, receu appellant, tant comme de Iuge incompetant qu'autrement, de toutes les procedures faites par lesdits Maistres des Requestes : Comme aussi de la procedure faite en execution de l'Arrest dudit trentiéme Aoust , & mesmes opposant à l'execution d'iceluy ; & faisant droict tant sur lesdites appellations qu'oposition , casser les procedures faites par lesdits Maistres des Requestes , & infirmant celle faite en execution dudit Arrest , renuoyer ledit suppliant absous de l'accusation contre luy intentée , sans preiudice de ses droits & actions à l'encontre dudit Cardinal Mazarin & autres, aux fins de reparation, despens, dommages & interests: Conclusions du Procureur General du Roy, Tout consideré. DIT A ESTE', QVE la Cour sans s'arrester à ladite Requeste , a enuoyé ledit de Vendosme Duc de Beaufort absous de l'accusation contre-luy intentée, sauf à se pourvoir afin de reparation, despens , dommages & interests contre qui & ainsi qu'il verra estre à faire , defenses au contraire. Faict en Parlement le 15 Ianuier 1649.   Signé ,   GVYET.

Ordonnance portant que les bleds & farines seront conduits dans les Galleries du Loüure. Du 23. Ianuier.

IL est ordonné aux Capitaines & Gardes des Portes tant de cette Ville que Faux-bourgs, de faire seurement conduire dans les Galleries du Loüure toutes les farines & bleds qui entreront en ladite Ville, pour estre vendus & deliurez aux Boullangers & Patissiers d'icelle , pour faire incessamment du pain , tant pour ladite Ville que pour les Faux-bourgs, auec defenses de les destourner ny piller , à peine de la vie : ENIOINT aux Boullangers & Patissiers tant desdits Faux-bourgs que de la Ville, de se trouuer au Loüure, lieu où sera le Magazin desdits bleds & farines auec argent pour les achepter ; A condition qu'ils rendront tant pesant de pain qu'il sera raisonnable, pour enuoyer aux Marchez ordinaires , tant en ladite Ville que Faux-bourgs, dont il sera tenu bon & fidel Registre de la distribution desdits bleds & farines, & des personnes ausquelles ils auront esté baillées , pour en faire rendre compte en pain à ceux qui les auront conuerties. Auec defenses ausdits Boullangers & Patissiers de ladite Ville & Faux-bourgs de vendre , à peine de la vie, aucuns bleds ne farines à aucuns particuliers, & aux Bourgeois d'en achepter, à peine de cinq cens

liures d'amende. Ce qui sera publié & affiché par tout où il appartiendra,
tant en ladite Ville que Faux-bourgs, à ce qu'aucun n'en pretende cause
d'ignorance.   Signé, LEMAIRE.

Autre Ordonnance portant que les Bleds & farines seront conduits aux Halles. Du 25. Ianuier 1649.

IL est enjoint à tous Colonels, Capitaines, & autres Officiers qui commandent aux Portes & Ports de cette Ville, de laisser librement passer
toutes les Farines & Bleds qui y seront conduits, & iceux faire escorter
iusques aux Halles, & autres lieux où ils se vendent, sans souffrir qu'aucuns de leurs Soldats, & autres personnes les puisse piller, ny mesme exiger aucuns deniers des Marchands souz pretexte d'y auoir rendu quelque
office : Et aux Porte-faix, Crocheteurs, & autres qui trauaillent à la des-
charge desdites marchandises, de se contenter de prix raisonnable, sans
rançonner lesdits Marchands, ainsi que nous auons receu les plaintes de
diuers endroits ; Le tout à peine de la vie. Ce qui sera publié & affiché
par tout où il appartiendra, à ce qu'aucun n'en ignore.
        Signé, LEMAIRE.

ARREST DE LA COVR DE PARLEMENT,
Portant qu'ouuerture sera faite de toutes les Chambres de la maison du Cardinal Mazarin, & description sommaire de tout ce qui se trouuera en ladite maison.

SVR la Requeste presentée à la Cour, toutes les Chambres assemblées, par le Procureur General du Roy ; A ce qu'attendu qu'en
execution de l'Arrest de ladite Cour du treiziéme de ce mois & an,
il a fait saisir les biens du Cardinal Mazarin, & establir Commissaire M.
Iean Deloynes, & que par le Procés verbal de saisie, il paroist que dans
ladite maison y a plusieurs Chambres fermées, & importe de les faire ou-
vrir pour faire saisir ce qui s'y trouuera ; Requerant que lesdites Chambres fussent ouuertes en presence de l'vn de ses Substituts, & description
faite de ce qui s'y trouuera. Et veu lesdits Arrest & Procés verbal ; Tout
consideré : LADITE COVR A ordonné & ordonne, qu'en pre-
sence du Conseiller Rapporteur du present Arrest, & de l'vn des Substituts dudit Procureur General, ouuerture sera faite desdites Chambres,
& description sommaire faite de ce qui se trouuera en icelles. FAIT en
Parlement le vingt-cinquiéme Ianuier mil six cens quarante-neuf.

        Signé, DVTILLET.

ARREST DE LA COVR DE PARLEMENT,
Par lequel il ordonné que les Villes de Meaux, Lagny, &
autres voisines du ressort de ladite Cour, continüeront
d'apporter des bleds & autres viures en la ville de
Paris, ainsi qu'il est accoustumé.

Du 26. Ianuier 1649.

LA Cour toutes les Chambres assemblées, pour pouruoir à ce qu'il n'arriue necessité aux Habitans de cette Ville & Fauxbourgs de Paris. A Ordonné & ordonne aux Habitans des villes de Meaux, Lagny, Troyes, Nogent, Brie-Comte-Robert, Melun & autres Villes du ressort de ladite Cour, d'enuoyer & faire amener & apporter, ainsi qu'il est accoustumé, les grains, bleds & autres choses necessaires pour la fourniture de cette dite Ville de Paris, nonobstant tous Iugemens, Arrests & Lettres à ce contraires. Enioint aux Gouuerneurs, Baillifs, leurs Lieutenans, Maires, & Escheuins & autres Subjets du Roy des lieux, tenir la main à l'execution du present Arrest. Fait deffences à toutes personnes de quelque qualité & condition qu'ils soient, d'y contreuenir directement ou indirectement, en quelque sorte & maniere que ce soit, à peine de la vie. Permet courir sus contre lesdits contreuenans ou refusans. Ordonne que ledit present Arrest sera leu, publié & affiché par tout ou il apartiendra, à ce qu'aucun n'en pretende cause d'ignorance. Faict en Parlement le vingt sixiesme Ianuier mil six cens quarante neuf.   Signé DV TILLET.

Ordonnance pour faire destendre toutes les Chaisnes de la Ville de Paris.

Du vingt-sixiéme Ianuier.

IL est ordonné aux Quartiniers, Cinquantiniers & Diziniers de faire incessamment destendre toutes les chaisnes de la Ville, & fait deffences a toutes personnes de les tendre & faire tendre qu'ils n'en ayent des ordres generaux ou particuliers de ladite Ville tant de iour que de nuict à cause des passages de la Cauallerie qui doiuent tousiours estre libres: Ce qui sera publié à son de trompe & cry public & affiché ou il apartiendra, à ce qu'aucun n'en pretende cause d'ignorance, Faict au Bureau de la Ville le 26. Ianuier 1649.   Signé,
LE MAIRE.

L

Ordonnance portant deffences aux Capitaines, Officiers & Soldats de prendre aucune chose de leurs hostes que le couuert.

Du vingt-septiéme Ianuier.

IL est fait deffences à tous Maistres de Camps, Capitaines, Officiers & Soldats de l'Armée leuez pour le seruice du Roy & de la Ville, tant de Caüallerie que d'Infanterie qui sont logez tant en ladite Ville que Faux-bourgs de prendre & exiger de leurs hostes que le couuert pour eux & pour leurs cheuaux, & a eux enjoint de viure de la Subsistance qui leur a esté accordée, à peine de punition exemplaire, & outre de rendre & restituer au quadruple tout ce qu'ils auront mal pris de leursdits hostes, lesquels en seront creus à leur serment. Ce qui sera publié & affiché par tous les carrefours & places publiques de ladicte Ville & fauxbourgs, à ce qu'aucun n'en ignore. Faict au Bureau de la Ville le 27. Ianuier 1649.   Signé, LE MAIRE.

Ordonnance portant que les Bourgeois auront communication de la Ville és Faux-bourgs.

Du vingt-septiéme Ianuier.

EStant necessaire que tous les Bourgeois & Habitans de la Ville & Faux-bourgs de Paris ayent communication les vns auec les autres, que chacun aille & vienne sans empeschement, aux lieux & endroits ou il aura affaire, soit en carosse, à pied où à cheual, & puisse faire passer les prouisions dont il aura besoin, tant de la Ville aux Fauxbours, que des Faux bourgs en la Ville. Il est ordonné aux Capitaines & Gardes des Portes de lad. ville de ne faire aucune difficulté de laisser passer, aller, venir, & retourner les Bourgeois, carosses & harnois: Ensemble les prouisions qu'ils feront passer de part & d'autre, sans qu'il soit besoin d'aucun Passeport que ces presentes, Laissant à cét effet toutes les nuicts le Guichet desdites portes ouuert. Et afin que l'on n'en puisse abuser, Faisons deffences aux Capitaines & Gardes des portes & aduenuës desdits Faux-bourgs, de laisser passer hors d'icelles aucunes personnes, cheuaux, carosses, ny bagages qu'ils n'ayent bon & vaillable Passeport. Ce qui sera affiché ausdites portes, & enuoyé aux Colonels de cette Ville pour le faire ainsi obseruer, à ce qu'aucun n'en ignore. Faict & arresté en l'Hostel de ladite Ville, le Conseil de guerre assemblé, le 27. Ianuier 1649. Signé,   LE MAIRE.

Ordonnance pour l'adiudication du pain de munition de l'armée.

Du vingt-huictiéme Ianuier.

ON FAICT ASCAVOIR, Que demain Vendredy 29. Ianuier present mois & an, Il sera procedé dans l'Hostel de cette Ville trois heures de releuée, A la publication & adiudication du pain de Munition de l'Armée au rabais & moins disant à l'extinction de la chandelle : A la charge par L'entrepreneur fournir par iour pendant que ladite armée sera sur pied, iusques à quinze mil rations de pain du poids de vingtquatre onces chacune entre bis & blanc moyennant   pour ration qu'il fera conduire & porter à cinq lieuës à la ronde de Paris ; D'entretenir à ses despens tout l'equipage à ce necessaire, mesmes de payer les Commis establis pour la distribution dudit pain, desquels il demeurera ciuillement responsable. Fera arrester en fin de chaque mois vn Estat de la distribution dudit pain, qu'il aura faite, & en mettra autant au Greffe de ladite Ville trois iours apres. Luy sera loisible de prendre & achepter les bleds dont il aura besoin pour lesd. fournitures en tous lieux ou bon luy semblera, fors & excepté en cette Ville ou il en pourra faire venir telle quantité qu'il voudra des lieux circonuoisins, & iceux mettre en grenier pour le faict de ladite munition. Et ou lesdits quinze mil rations de pain qui seroiēt fournis par chaque iour, ou qu'il en fallut d'auantage, le tout luy sera payé suiuant ladite fourniture ; Dont & de ce que dessus ledit Adiudicataire sera tenu bailler bonne & suffisante caution reseante à Paris & soluable, qui s'obligera auec iceluy Entrepreneur, de fournir ledit pain bon, loyal & marchant, & de satisfaire à toutes clauses & conditions dont l'on sera conuenu lors de ladite adiudication, dont ils feront les submissions en tel cas requis & accoustumées. Ce qui sera publié & afiché par tout ou il appartiendra, à ce qu'aucun n'en ignore. Faict au Bureau de la Ville le vingt-huictiesme Ianuier mil six censquarante neuf.

Signé,   LE MAIRE.

DISCOVRS FAIT PAR LES DEPVTEZ

du Parlement de Prouence, dans le Parlement de Paris,
toutes les Chambres assemblées.
Du 28. Ianuier 1649.

LES Deputez du Parlement de Prouence ont dit, Que leur Compagnie ayant procuré de leurs propres deniers le recouurement des Isles de Sainct Honnorat & Saincte Marguerite sur les Espagnols; peu apres & depuis sept années ont esté contraints souffrir vne Chambre des Requestes, sans que l'Edict fust verifié, dont les Officiers ont voulu auoir seance, quoy qu'ils ne fussent que Commissaires, sans y auoir esté examinez ny receus, s'y estans maintenus par les frequentes citations de tous les Conseillers, & mesme des premiers Presidens audit Parlement; Et qu'apres vne si longue agitation depuis treize mois les mesmes Officiers des Requestes preuoyans que leur establissement violent ne pouuoit estre stable, firent le projet de rendre ledit Parlement Semestre, & donnerent commencement à ce dessein si funeste à toutes les Compagnies du Royaume. Trois Intendans de Iustice, auec les armes du Gouuerneur, les mirent en possession. Vn malheur si inesperé ayant surpris le Parlement, il creut par son obeïssance rendre ses oppositions plus fauorables, & que sa submission destourneroit cét orage. Il eut recours à la Iustice du Roy par diuerses deputations, offrant les mesmes sommes: Mais au lieu d'estre escouté, la plus grande partie d'iceux fut releguée auec leurs familles par Lettre de cachet en diuers lieux, tant dedans que dehors le Royaume, apres auoir esté criez à son de Trompe en toutes les Villes de la Prouince par Ordonnance du Gouuerneur; & ce qui restoit de ce corps, estoit affligé par des procés criminels, & des logemens de gens de guerre. Ce bannissement a duré iusques au mois passé, où la poursuite des mesmes Deputez sembloit auoir touché la clemence du Roy, apres que les soins de cét auguste Parlement auoit obtenu le soulagement de tout le Royaume, par la Declaration du mois d'Octobre dernier: Mais au lieu de receuoir les effets d'icelle, le 28. Decembre il y eut Arrest qui confirmoit le Semestre, & deffenses aux vieux Officiers de rentrer dans leurs Charges, dont ils ont esté tousiours priuez depuis cette establissement: Et de plus vint nouuelles Lettres de Cachet enuoyées au Gouuerneur, pour reexiler ceux qui ne faisoient que d'arriuer dans leurs maisons, sans que les vœux de tous les Ordres de la Prouince qui souspiroient pour le retour de leurs Magistrats legitimes, fussent escoutez, auec lesquels ils esperoient le recouurement de leurs Priuileges, sacrifiez à l'ambition de ceux qui vsurpoient leurs Dignitez.

Lesdits Deputez se voyans maintenant priuez de toute sorte d'espoir

par

par le prompt & inopiné depart du Roy, ont estimé que la Cour leur
accorderoit le secours charitable qu'vne Compagnie affligée pourroit
esperer, puis qu'elle n'a iamais manqué de fidelité n'y d'obeïssance ;
Et qu'elle condamneroit vn establissement violent qui ne tend qu'a
subuersion de la Iustice, Et ne dénieroit pas son interuention à ceux
qui ont l'honneur de porter vn mesme caractere, & qui ont vne mesme passion d'exposer leurs vies pour le seruice du Roy & les prosperitez de l'Estat, & pour le repos & la dignité de cette Compagnie.

Monsieur le Premier President leur à respondu, que c'estoit auec regret, que l'on
entendoit le narré de leurs malheurs, que la Compagnie souhaittoit estre assez puis-
sante pour y apporter les remedes, Qu'il importe d'en deliberer, & faire en sorte par
la resolution en essayant de les conseruer, ne defaillir à elle mesme.

Extraict des Registres de Parlement.

CE iour la Cour toutes les Chambres assemblées, deliberant
sur l'establissement du nouueau Semestre fait depuis quelque
temps au Parlement d'Aix en Prouence, & apres auoir oüy
deux Conseillers dudit Parlement, A aresté qu'il y aura jonction de
la Cour auec ledit Parlement d'Aix. Ce faisant que tres humbles Remonstrances seront faites au Roy & à la Reyne Regente sur la creation & establissement dudit Semestre, que la Cour à declaré & declare
auoir esté fait côtre les Loix du Royaume ; & qu'elle ne tiédra ceux qui
ont esté admis és Charges dudit nouueau Semestre, que pour personnes
priuées : En outre declare les Conseillers & Officiers des Cours Souueraines qui feront les establissemens de Semestres nouueaux sans
Edict bien & deuëment verifiez en la Cour, indignes & incapables de
tous honneurs & priuileges, & d'entrer és Compagnies Souueraines.
Faict en Parlement le 28. Ianuier 1649. Signé, DV TILLET.

ARREST DE LA COVR DE

Parlement, Portant deffences à tous Colonels, Capitaines,
Lieutenans, Officiers & Gardes des portes de cette Ville de
Paris, de laisser passer aucunes personnes de quelque qualité &
condition quelles soient auec passeports, que par les portes de
S. Iacques & S. Denis.

Du vingt-neufiéme Ianuier.

CE iour sur ce qui a esté representé par aucuns de Messieurs les
Conseillers deputez pour les passe-ports, assemblez en la
Chambre de la Tournelle, Qu'au preiudice de l'Arrest du
vingt-deux iour du present mois de Ianuier, donné les Chambres as-

ſemblées, qui fait defenſes à toutes perſonnes qui auront paſſe-ports,
de paſſer par autres Portes que celles Sainct Denis & Sainct Iacques,
Il y auoit des Colonels, Capitaines & autres Officiers qui ne laiſſoient
de faire paſſer ceux qui auoient des paſſe-ports de la Cour par autres
Portes que celles ſuſdites, ce qui eſt contraire à l'intention de la Cour.
La matiere miſe en deliberation; A ARRESTE' ET ORDONNE', Que
ledit Arreſt dudit iour vingt-deux Ianuier ſera executé: Ce faiſant
fait iteratifues defenſes à tous Colonels, Capitaines, Lieutenans,
Officiers & Gardes des Portes de cette Ville de Paris, de laiſſer paſſer
aucunes perſonnes de quelque qualité & condition qu'elles ſoient auec
paſſe-ports, que par les Portes Sainct Iacques & Sainct Denis, fors &
excepté ceux qui auront paſſe-port de Monſieur le Prince de Conty,
& Meſſieurs les Generaux pour le fait de la Guerre, auſquuels permet
paſſer par telles Portes qu'ils deſireront. Enjoint auſdits Colonels, Capitaines & autres Officiers, de laiſſer les paſſages libres entre les
Habitans de cette Ville, & ceux des Faux-bourgs, leſquels auront
entiere liberté de paſſer & repaſſer par telles Portes qu'ils deſireront.
Ordonne que le preſent Arreſt ſera leu, publié & affiché par toutes les
Portes de cette Ville de Paris, & Faux-bourgs d'icelle. Faict en Parlement le 29. Ianuier 1649. Signé, GVYET.

ARREST DE LA COVR DE
*Parlement, portant qu'il ſera deliuré paſſeports aux Couriers,
tant ordinaires que'xtraordinaires, ſous la ſignature de deux
de Meſſieurs de la Cour commis, pour l'ordre des Poſtes, ou de
l'vn en l'abſence de l'autre, & du Greffier.*

Du trentiéme Ianuier.

CE iour Meſſieurs les Conſeillers deputez pour l'ordre des paſſe-
ports aſſemblés en la Chambre de la Tournelle, ſur ce que l'vn
d'iceux a remonſtré qu'il eſtoit neceſſaire de faire paſſer à chaque
heure du iour les Couriers, tant ordinaires qu'extraordinaires, & que
pour auoir paſſeports, il ſeroit trop long de les obtenir de la Chambre;
Il eſt à propos d'ordóner que ſous les ſignatures de deux de Meſſieurs
qui ſont commis pour l'ordre des Poſtes, les Chambres aſſemblées,
& du Greffier, que leſdits paſſe-potrs ſoient deliurés, la matiere miſe
en deliberation, A arreſté & ordonné, qu'il ſera deliuré paſſeport aux
Couriers, tant ordinaires qu'extraordinaires, Signé de Maiſtres Iacques Viole, & Claude le Doulx, Conſeillers en la Cour par elle cómis
pour l'ordre des Poſtes, ou l'vn d'eux, en l'abſence de l'autre, & de
Maiſtre Antoine Guyet, Greffier. Enjoinct à tous Capitaines & Of-

ficiers de cette Ville & Faux-bourgs de Paris de laiſſer paſſer leſdits Couriers, ſans qu'il leur ſoit fait aucun empeſchement ny retardement ; Ordonne que l'Arreſt ſera leu, publié & affiché par toutes les Portes & Carrefours de cette Ville de Paris & Faux-bourgs d'icelle, Faict au Parlement le 30. Ianuier 1649. Signé, GVYET.

ARREST DE LA COVR DE

Parlement, portant que les deniers de la recepte generale de Reims ſeront apportez en cette Ville, & mis és coffres de l'Hoſtel d'icelle.

Du 30. Ianuier 1649.

LA Cour toutes les Chambres aſſemblées, deliberant ſur l'execution de l'Arreſt d'icelle du 19. de ce mois & an : Et ſur l'aduis donné qu'il y a vne ſomme de deniers aſſez notable prouenant de la recepte generale de Chaalons en Champagne, dont la conduite ſe fait pour porter à l'Eſpargne, paſſant par la Ville de Reims. A arreſté & ordonné que ladite ſomme ſera à la Requeſte du Procureur general du Roy & diligence de ſon Subſtitud audit Reims, apportée & conduite en cette Ville de Paris & miſe és coffres de l'Hoſtel d'icelle ſuiuant ledit Arreſt du dix-neufieſme du mois & an, ou par lettre de change ſi faire ſe peut. Enjoint au Lieutenant general dudit Reims & autres Officiers des lieux, Et à tous les ſujets du Roy de ladite Ville & autres lieux tenir la main à l'execution du preſent Arreſt, y donner renfort & eſcorte ſi beſoin eſt : Et à ce faire ſeront ceux qui font la conduite deſdits deniers, contraints par toute voye deuë & raiſonnable, nonobſtant tous empeſchemens, oppoſitions & appellations quelconques faites & à faire en vertu du preſent Arreſt, lequel ſera executé en vertu de l'Extraict. Faict en Parlement le 30. Ianuier mil ſix cens quarante-neuf.   Signé,   DV TILLET.

ARREST DE LA COVR DE PARLEMENT,

Portant que les quarante-ſix mil liures prouenant de la recepte generale d'Auuergne, ſeront conduits en cette Ville, & mis és coffres de l'Hoſtel d'icelle.

Du 30. Ianuier 1649.

LA Cour toutes les Chambres aſſemblées, déliberant ſur l'execution de l'Arreſt d'icelle du dixneufiéme de ce mois & an ; Et ſur l'aduis qui a eſté donné que M. Miſlahau Com-

mis du Treforier de l'Efpargne de Guenegaud, eft en la Ville de Moulins, conduifant la fomme de quarante-fix mi' liures prouenant de la
recepte generale d'Auuergne pour porter à l'Efpargne, A Arrefté
& ordonné que ladite fomme de quarante fix mil liures, ou autres plus
grandes s'il y en a, fera à la requefte du Procureur General du Roy, &
diligence de fon Subftitut à Moulins, apportée & conduite en cette
Ville de Paris, & mife és coffres de l'Hoftel d'icelle, fuiuant ledit Arreft
du dix-neufiefme du mois & an, ou par Lettre de change fi faire fe peut.
Enjoint au Lieutenant General dudit Moulins, & autres Officiers des
lieux, & à tous Sujets du Roy de ladite Ville & autres lieux tenir la
main à l'execution du prefent Arreft, y donner confort & efcorte fi
befoin eft; Et à ce faire fera ledit Marlahau ou autre faifant la conduite, contraint par toutes voyes deuës & raifonnables, nonóbftant
tous empefchemens, oppofitions & appellations quelconques faites
& a faire, en vertu du prefent Arreft, lequel fera executé en vertu
de l'Extraict. Faict en Parlement le trentiefme Iannier mil fix cens
quarante-neuf.   Signé,   DV TILLET.

ARREST DE LA COVR DE
*Parlement, portant reglement pour le prix des Moufquets
auec bandouilleres, Picques, paire d'armes auec le pot, piftolets
auec les fourreaux, pouldre, plomb & mefche,*

Du trentiéme Ianuier 1649.

LA Cour, toutes les Chambres affemblées ayant deliberé fur le
rapport a elle fait par les Confeillers d'icelle de leur procés verbal du feize de ce mois, contenant la vifitation faite des armes
eftans en cefte Ville de Paris es maifons des Clinqualiers: A fait & fait
inhibitions & deffences à tous Clinqualiers, Armuriers, & autres Marchands de vendre les Moufquets de Charleuille, Maifieres & du Liege
auec les bandoüilleres plus de huict liures chacun; ceux de Hollande
& de Sedan auec la bandoüilliere plus de dix liures piece, Les picques
de Frefne auec les fers communs plus de vingt-quatre fols piece, La
paire d'armes fortes auec le pot plus de douze liures, les foibles plus de
dix liures. La paire de piftolets à fufil auec les fourreaux dixhuict liures,
& ceux à roüet plus de feize liures. La liure de pouldre à moufquet
plus de vingt fols, & la fine plus de vingt-quatre fols. La liure de
plomb quatre fols, & la liure de mefche quatre fols; le tout apres l'ef-
preuue faite defdites Armes Et en cas de contrauention fera procedé
contre les contreuenans extraordinairement par les voyes de droict.
Faict en Parlement le 30. Ianuier 1649. Signé GVYET.

ARREST

ARREST DE LA COVR DE PARLEMENT,
portant deffenses à tous Quinqualiers, Armuriers & autres
Marchands de cette Ville & Faux-bourgs de Paris,
de cacher, receler ou deftourner les Armes qu'ils
ont en leur poffeffion, Auec injonction de faire
leur declaration au Greffe de ladite Cour,
de la quantité qu'ils en ont, du
quatriefme Février, 1649.

CE iour, la Cour toutes les Chambres affemblées, fur ce qui a efté proposé que les Marchands Quinqualiers, Armuriers & autres qui font trafic des Armes, pour empefcher l'execution de l'Arreft du trentiefme Ianuier, qui a reglé le prix aufdites Armes, refufent d'en vendre, les cachent & recelent, par vn monopole preiudiciable à la chofe publique: La matiere mife en deliberation; ladite Cour a ordonné & ordonne, Que dans le iour de la publication du prefent Arreft, tous Quinqualiers, Armuriers & autres Marchands de cette Ville, feront tenus faire leur declaration au Greffe de ladite Cour, de toutes les Armes qu'ils ont en leurs maifons & magazins, & par tout ailleurs en cette-dite Ville & Faux-bourgs: leur fait tres expreffes inhibitions & & deffenfes d'en cacher ou receler en quelque forte & maniere que ce foit, à peine de confifcation, & de payer le double de ce qui fe trouuera recelé ou deftourné, dont le tiers de la valeur fera donné au denonciateur en vertu du prefent Arreft: Lequel, à la requefte du Procureur General du Roy, fera leu & publié à fon de Trompe, & affiché par tous les Carrefours de cette-dite Ville & Faux-bourgs, à ce qu'aucun n'en pretende caufe d'ignorance. Faict en Parlement le quatriefme Février, 1649.

Signé, RADIGVE.

N

ARREST DE LA COVR DE PARLEMENT,
pour la validité de tous Contracts, Obligations & autres Actes faits & passez en cette Ville de Paris, entre tous Particuliers & Communautez, du quatriesme Février, 1649.

CE iour, la Cour toutes les Chambres assemblées, Sur ce qui a esté proposé qu'il a esté donné vn Arrest au Conseil, tenu à Sainct Germain en Laye, depuis peu de iours, Portant que tous Contracts & Obligations faits en cette Ville, depuis le cinquiesme Ianuier, seront nuls; Ce qui est contre l'ordre & équité, & fait à dessein de troubler le repos & tranquillité publique, & renuerser le commerce d'entre les fidelles Subjets du Roy : La matiere mise en deliberation, Ladite Cour a ordonné & ordonne, Que tous lesdits Contracts, Obligations & autres Actes faits & passez en cette Ville entre tous Particuliers & Communautez, vaudront & seront executez comme bien & legitimement faits suiuant les Ordonnances, ensemble tous ceux qui seront cy aprés faits, nonobstant tous Iugemens & Lettres à ce contraires : Et sera le present Arrest, à la requeste du Procureur General du Roy, leu, publié & affiché par tous les Carrefours de cette Ville & Faux-bourgs, à ce qu'aucun n'en pretende cause d'ignorance. Faict en Parlement le quatriesme Février, 1649.

Signé, RADIGVES.

LETTRES ET ARRESTS DE LA COVR DE PARLEMENT
de Normandie, enuoyées à la Cour de Parlement de Paris, pour l'Adjonction desdites Cours, & affaires presentes, Auec l'Arrest portant ladite Adjonction, du 5. Février, 1649.

CE iour, la Cour toutes les Chambres assemblées, aduertie que l'vn des Conseillers du Parlement de Roüen, estoit au Parquet des Huissiers, & demandoit à parler à ladite Cour, A esté fait entrer le sieur Miron, Conseiller audit Parlement, lequel ayant pris place au Bureau, a dit, Qu'il auoit vne Lettre dudit Parlement adressante à la Cour, & auant que de la donner, a exposé sa Creance, faisant mention de ladite Lettre & de trois Arrests imprimez, datez dés 27. 30 Ianuier & premier de ce mois & an, Desquels & de ladite Lettre ouuerte, ayant esté fait lecture, ledit Conseiller a representé, Que la Cour voyoit l'intention dudit Parlement, qui estoit d'entretenir vne parfaite correspondance & intelligence auec elle, Qu'il auoit seulement ordre de prier la Cour d'arrester, qu'il ne seroit fait aucun accommodement, que les interests dudit Parlement de Roüen n'y fussent compris, & de donner Arrest contre le Semestre, conforme à celuy dudit Parlement; Que les nullitez de cét establissement estoient assez cognuës, Qu'il estoit fondé sur vn faux & calomnieux pretexte, par des personnes qui auoient défaut de puissance, n'agissans qu'en vertu d'vne Commission non verifiée, Qu'il auoit esté reuoqué par vn iuste mouuement du deffunct Roy dernier decedé, & restably sur des suppositions pendant vne minorité, Laissoit à la Cour de iuger ce qui estoit à faire.

MOnsieur le premier President a fait remerciement, Dit, que la Cour void l'intention dudit Parlement, Que sur les deux Articles seroit deliberé, & fait resolution, & que la Cour luy feroit entendre, & s'est retiré.

LETTRE DE CREANCE DE LADITE COVR DE Parlement de Normandie, enuoyée à Monsieur Miron, Conseiller du Roy en ladite Cour.

TRes-cher Frere, Noûs vous enuoyons la Lettre que nous escriuons à Messieurs du Parlement de Paris, pour que vous ayez à la presenter de nostre part, & les asseurer que nous contribuërons de tout nostre pouuoir au bien public & repos de l'Estat. Nous vous enuoyons aussi les Arrests que nous auons donnez, tant pour les affaires generales que pour ce qui regarde les pretendus establissemens du Semestre de ce Parlement, que nous auons trouué si defectueux en leur forme, que nous n'auons fait difficulté de declarer les registremens & verifications desdits Edicts, ainsi que les receptions faites en consequence, nulles & de nul effet; Les motifs duquel Arrest nous estimons vous estre assez cognus, pour que vous en puissiez entretenir Messieurs du Parlement de Paris, lors que les temps & les occasions vous le permettront, vous enuoyant vn memoire plus particulier de nos intentions, suiuant lequel vous vous conduirez vers Messieurs dudit Parlement, priant Dieu

TRES-CHER FRERE,

Qu'il vous tienne en sa sainte garde. A Roüen en Parlement le premier
iour de Février 1649 Les Gens tenans la Cour de Parlement en Normandie vos Freres. Signé, VAIGNON, Greffier en Chef de ladite
Cour.

*Et au dessus est escrit, A Monsieur, Monsieur Miron, Conseiller
du Roy en la Cour ds Parlement de Normandie, à Paris.*

LETTRE DV PARLEMENT DE NORMANDIE,
ennoyée a la Cour de Parlement de Paris.

MESSIEVRS,

Toute la France & les monumens publics sont des tes-
moins trop asseurez de vostre fidelité au seruice du Roy, & de vostre
zele à la conseruation & grandeur de son Estat, pour croire que la calomnie ait peu faire impression. Au contraire dans les esprits des gens
de bien & à vostre exemple, les autres Parlemens ont tousiours affermy
dans les cœurs des peuples, les veritables sentimens de fidelité & d'o-
beyssance qui sont deus à la Majesté Royale. Nous vous remercions de
la part que vous auez donnée de vos resolutions en ce dernier rencontre
que vous tesmoignez auoir l'approbation de tant de Princes, Ducs &
Pairs, & Officiers de la Couronne interessez au repos & grandeur de
cette Monarchie, Et vous asseurons que comme l'authorité que le Roy
a mise en nos mains, ne tire sa vigueur & sa puissance que de sa Souue-
raineté, Nous employerons ainsi que vous tous, les moyens à nous pos-
sibles pour empescher la naissance d'vne guerre ciuile, & pour la conseruation de sa personne & de son authorité. Pour à quoy paruenir,
nous conseruerons tousiours auec vous cette parfaite intelligence que
vous desirez de nous, qui sommes,

MESSIEVRS,

Vos bons Freres & amis les Gens tenans la Cour de Parlement de
Normandie. Signé VAIGNON, Greffier en chef de ladite Cour.
*Et au dos est escrit, A Messieurs, Messieurs les Gens tenans la Cour
de Parlement de Paris, A Paris.*

Ce 1. iour de Février 1649.

ARREST

ARREST DE LA COVR DE
Parlement de Normandie, sur la reuocation du Semestre de ladite Cour.

LA COVR les Chambres assemblées, assistans en icelle le Seigneur Duc de Longueuille Gouuerneur pour le Roy en la Prouince de Normandie, & le sieur Beuuron Lieutenant General audit Gouuernement, s'estant fait representer l'Edict du mois de Ianuier mil six cens quarante & vn, portant creation de plusieurs Officiers en lad. Cour, pour estre tenuë à l'aduenir par deux seances & ouuertures Semestres, au preiudice de son ancienne institution establie en vne seance continuë, à la supplication de trois ordres de la Prouince par le Roy Louis douziesme à l'instar du Parlement de Paris: Ledit Edict registré, non en plain Parlement, comme doiuent estre tous les Edicts & volontez des Roys selon les formes anciennes & loix du Royaume, ains par Commissaires tirez du corps du Parlement de Paris le seiziesme d'Auril ensuiuant, & dont la Commission n'auoit esté registrée audit Parlement: La Declaration du deuxiesme May audit an, portant dispence octroyée aux pourueus des charges de la nouuelle creation dudit Edict pour exercer leurs charges en l'aage de vingt-deux ans, aussi registrée par lesdits Commissaires le vingt-huictiesme Iuin audit an: Autres Lettres de dispense du dix-septiesme Decembre mil six cens quarante-cinq, octroyées pour receuoir vn desdits Officiers à l'aage de dix-neuf ans, & autres dispenses particulieres au dessous de l'aage porté par ladite dispense generale, obtenuës contre & au preiudice des Ordonnances verifiées en toutes les Cours Souueraines, & Declaration registrée en ladite Cour le vingt-vniesme Mars 1639. portant deffences d'auoir esgard à telles dispenses: Autre Declaration du cinquiesme iour de Mars 1642. registrée le huictiesme May ensuiuant, par autres Commissaires tenans ladite Cour, substituez à ceux du Parlement de Paris, contenant qu'à la reception desdits Officiers de ladite nouuelle creation, il n'assisteroit qu'vn tiers de l'ancienne creation, & deux tiers de la nouuelle; suiuant laquelle les receptions desdits nouueaux pourueus auroient esté faites: Autres Lettres Patentes en forme d'Edict du 14. Feburier 1643 portant reuocation dudit Semestre, comme dommageable à la Prouince & aux sujets du Roy, & contraire au premier establissement de ladite Cour, sans aucune clause de nouuelle creation ny de validation des receptions de ceux qui auoient esté receus esdites charges nouuelles. Arrest du Conseil du 30. Aoust 1645. interuenu sur les requestes des traictans, & Officiers receus de ladite nouuelle creation, portant restablissement dudit Semestre surenoncez esdites requestes

O

plaines de suppositions. Autre Arrest signé en Commandement du 20. de Septembre ensuiuant, faisant defenses aux Presidens & Conseillers tenans lors la Chambre des Vacations de lad. Cour, de plus exercer, & à tous autres Officiers dudit Parlement de faire aucune fonction iusques au premier iour de Mars ensuiuant, à peine de crime de faux & desobeïssance, signifié auec le precedent à l'Aduocat General de ladite Cour le 30. dudit mois. Autres Lettres en forme d'Edicts, l'vn du 8. Septembre audit an en consequence dudit Arrest du 30. Aoust, portant restablissement dudit Semestre, & des Officiers suprimez par ledit Edict du 14. Feurier 1643. & l'autre donné à Fontainebleau au mois d'Octobre ensuiuant, portant creation de sept autres Offices de Conseillers en ladite Cour, registrez le 10. & 27. dudit mois audit temps des Vacations, sans conuoquer le Parlement, par trois Maistres des Requestes, & les Officiers de ladite nouuelle creation qui estoient demeurez suiuant ledit Edict du 14. Feburier 1643. Extraict des Registres de ladite Cour des dernier Aoust & 2. Octobre 1645. premier Mars 1646. 2. Mars mil six cens quarante-sept, & deuxiesme Mars mil six cens quarante-huict, contenant les Declarations de nullité dudit establissement & restablissement de Semestres, & de tout ce qui s'estoit fait au preiudice des formes anciennes : La matiere mise en delibereaion ; Tout consideré. Ladite Cour, sous le bon plaisir du Roy, à declaré & declare les registremens, tant desdits Edicts du mois de Ianuier 1641. Feburier 1643. & Octobre 1645. que desdites Declarations & receptions des pourueus desdites charges de nouuelle creation, & tout ce qui s'est ensuiuy, nuls, & de nul effet, comme faits contre & au preiudice des anciennes Ordonnance & loix du Royaume ; Faisant inhibitions & defences ausdits pourueus d'en faire aucune fonction, & aux subiets du Roy de les reconnoistre en ladite qualité. Ordonne que ledit Parlement sera tenu en la mesme forme & maniere qu'il estoit en l'année 1639. & que tres-humbles remonstrances seront faites à sa Maiesté de la consequence & importance desdits Edicts. Et sera le present Arrest leu & publié à la Barre de la Salle du Palais, & les Vidimus d'iceluy enuoyez par les Bailliages & Vicomtez, pour y estre pareillement leus, publiez & registrez. Fait & arresté à Roüen, en ladite Cour de Parlement, les Chambres assemblées, le 27. iour de Ianuier 1649. Leu, & publié à la Barre de la Salle du Palais, le trentiesme dudit mois & an,

Signé   VAIGNON.

ARREST DE LADITE COVR DE

Parlement de Normandie, portant defenses de faire aucunes leuées ny logemens de Gens de guerre, sans ordre & attache de Monsieur le Duc de Longueville, Gouuerneur pour le Roy en ladite Prouince.

LA COVR, toutes les Chambres assemblées, present le Seigneur Duc de Longueuille Gouuerneur de Normandie, le sieur Marquis de Beuuron Lieutenant General pour sa Maiesté en ladite Prouince, & les deputez des autres Compagnies Souueraines: Sur l'aduis à elle donné des pilleries, extorsions & violences faites tant aux enuirons de la Ville de Roüen qu'ailleurs en la Prouince, Desirant pouruoir au bien du seruice du Roy, repos & tranquilité de ladite Prouince, A ordonné & ordonne qu'il en sera informé en cette Ville par les Conseillers Commissaires à ce depuez, & sur les lieux par les Iuges ordinaires. Fait inhibitions & defences à toutes personnes de quelque qualité & condition qu'elles soient, de faire aucunes leuées ny logemens de gens de guerre en icelle, sans ordre & attache dudit Seigneur Duc de Longueuille : Et en cas de contrauention, enioint à tous Gouuerneurs & Capitaines des Places, Maires & Escheuins des Villes, Gentils-hommes & Communautez, de courre sus, prester main forte & obeïr à ceux qui y seront preposez par ledit Gouuerneur, ou par les Lieutenans Generaux de sa Maiesté en la Prouince. Fait aussi deffences ausdits Gouuerneurs & Capitaines des Places, Maires & Escheuins, Gentils hommes & Communautez de receuoir aucunes trouppes, ny leur fournir aucuns viures, armes ou munitions de guerre : Et où aucuns se seroient emparez d'icelles sans attache dudit Gouuerneur, Enioint de s'assembler au son du tocsin, pour les en chasser & mettre hors. A pareillement fait inhibitions & deffenses de faire aucunes leuées de deniers sans Commission du Roy registrée aux Compagnies Souueraines, ausquelles la connoissance en apartient. Et sera le present Arrest imprimé, leu, publié & affiché où il apartiendra, & enuoyé par les Bailliages pour estre leu aux Paroisses de cette Prouince. Fait à Roüen en ladite Cour de Parlement, toutes les Chambres assemblées, le 30. iour de Ianuier 1649. Signé, VAIGNON.

AVTRE ARREST DE LADITE COVR

de Parlement de Normandie, Pour l'ordre & conduite de tous les deniers qui se leuent en ladite Prouince.

LA COVR, toutes les Chambres assemblées, assistans en icelle le Seigneur Duc de Longueuille, Gouuerneur pour le Roy en

la Prouince de Normandie, & le Sieur de Beuuron Lieutenant
General audit Gouuernement, & les Deputez des autres Compagnies
Souueraines : Sur l'aduis donné à ladite Cour des courses & pilleries
qui se font en diuers lieux de cette Prouince, Desirant pouruoir à la
seureté & au recouurement des deniers du Roy, A Ordonné que les
deniers des Tailles, Taillon & autres Creües, seront conduicts & voi-
cturez sous bonne & seure garde : à sçauoir ceux de la Generalité de
Roüen aux Bureaux generaux establis à Roüen : & ceux de la Generalité de Caën, aux Bureaux generaux establis à Caën : Et pour le regard
des Aydes, Gabelles, Traites Domaniales & Foraines, & tous autres
droicts qui se perçoiuent pour le Roy, seront pareillement conduits
sous bonne & seure garde : à sçauoir ceux de la Generalité de Roüen
aux Bureaux des Commis Generaux des Adiudicataires & Fermiers
establis audit Roüen, & ceux de la Generalité de Caen, és mains desdits Commis Generaux establis audit Caen ; & pour ce qui est des
deniers des Tailles, Taillon, Subsistances, Aydes, Gabelles & autres
cy-dessus de la Generalité d'Alençon, demeureront és mains des Receueurs & Commis particuliers, & defences à eux de les voicturer
iusques à ce qu'autrement en ait esté ordonné. Faict à Roüen en ladite
Cour de Parlement, toutes les Chambres assemblées le premier iour
de Feurier 1649.   Signé.   VAIGNON.

ARREST DE LA COVR DE PARLEMENT,
*de Paris, portant qu'il y aura parfaite ionction & intelligence
de la ladite cour, auec celle du Parlement de Normandie.*

Du 5. Feburier 1649.

CE iour, la Cour toutes les Chambres assemblées, deliberant
sur la Lettre du Parlement de Normandie, apportée à ladite
Cour ce-iourd'huy, & sur l'establissement du Semestre faict
audit Parlement depuis quelques années, & veu les Arrests dudit
Parlement des 27, 30. Iannier, & premier de ce mois & an, Et oüy le
sieur Myron Conseiller du Roy en iceluy, en sa creance, A Arresté &
ordonné, Qu'il sera fait responce par la Cour audit Parlement de Normandie, & qu'il y aura parfaite ionction & intelligence de la Cour
auec ledit Parlement, au preiudice de laquelle ne sera rien fait qui
puisse blesser le seruice du Roy, le bien de son Estat & les interests dudit Parlement. Ce faisant, tres-humbles remonstrances seront faites
audit Seigneur Roy & à la Reyne Regente, sur la Creation & establissement du Semestre que la Cour a d'claré & declare auoir esté
faict contre les Loix du Royaume, & qu'elle ne tiendra ceux qui
ont

ont esté admis és Charges d'iceluy Semestre, que pour personnes priuées. Et suiuant l'Arrest du 28. Ianvier dernier, declare les Conseillers & Officiers des Cours Souueraines & autres qui feront les establissemens de Semestres nouueaux, sans Edicts bien & deuëment verifiez
en la Cour, indignes & incapables de tous honneurs & priuileges, &
d'entrer és Compagnies Souueraines, Et outre arresté, que ledit Parlement de Normandie sera conuié de donner Arrest contre le Cardinal Mazarin, pareil à celuy donné en la Cour le 8. Ianvier dernier: Et
à l'instant le sieur Myron, Conseiller audit Parlement de Normandie aduerty, ayant pris place au Bureau, Monsieur le Premier President luy a dit, qu'il auoit ce qu'il auoit demandé, & luy a fait entendre que la Cour se promettoit de la conduitte dudit Parlement de Normandie, & de son zele & affection au bien public, qu'il donnera l'Arrest contre le Cardinal Mazarin. Fait en Parlement le 5. Février 1649.
     Signé,   DV TILLET.

ARREST DE LA COVR DE

Parlement, pour empescher le diuertissement des deniers des
Tailles, Subsistances, Fermes, Aydes, Gabelles & autres de-
niers de sa Maiesté, ordonnez par precedens Arrests de la-
dite Cour, estre portez en l'Hostel de Ville de Paris.

Du huictiéme Février 1649.

CE iour, la Cour toutes les Chambres assemblées, deliberant sur
ce qu'au preiudice des anciennes Ordonnances, & de la Declaration du Roy du vingt-deux Octobre dernier, aucuns Particuliers auroient en vertu d'Arrests & Commissions du Conseil, diuerty & dé-
tourné les deniers des Tailles, Subsistances & Fermes de sa Maiesté,
mesmes ceux des Generalitez d'Orleans & de Moulins, affectez au
payement des rentes de l'Hostel de Ville de Paris, A ordonné & ordonne, qu'il sera informé de l'enleuement & diuertissement desdits
deniers, pour les informations rapportées & veuës par la Cour, estre
ordonné ce qu'il appartiendra; cependant, que les Arrests des 19. &
30. Ianvier dernier, seront executez: Ce faisant, que par les ordres
des Tresoriers de France en chacune Generalité, les deniers des Receptes particulieres seront incessamment & sans delay portez aux Receptes generales, & d'icelles conduits & voiturez en bonne & seure
garde en l'Hostel de cette Ville de Paris; comme aussi tous les deniers
prouenans des Fermes des Aydes, Gabelles & autres. A cét effet, enioint aux Preuosts des Mareschaux, leurs Lieutenans & Archers, d'es-

corter lefdits deniers , à peine d'en refpondre en leurs propres & priuez noms. Et à tous Officiers & Subjets du Roy , de prefter main-
forte à l'execution dudit Arreft : fait deffenfes à toutes perfonnes de
quelque qualité & condition qu'elles puiffent eftre , d'enleuer ou di-
uertir lefdits deniers , à peine de la vie. Et que le prefent Arreft , en-
femble lefdits Arrefts des 19. & 30. Ianuier dernier , feront enuoyez
en chaque Bureau des Generalitez , pour y eftre leus , publiez & executez felon leur forme & teneur , & affichez par tout où befoin fera ,
à ce qu'aucun n'en pretende caufe d'ignorance. Fait en Parlement le
8. Feurier 1649.   Signé,   DV TILLET.

ARREST DE LA COVR DE

Parlement, portant deffences aux Officiers du Prefidial, Preuofté, Maire & Efcheuins d'Orleans , de connoiftre & iuger
d'autres matieres que de celles à eux attribuées par les Edicts
du Roy, verifiez en ladite Cour.

Du huictiéme Fevrier 1649.

CE iour, la Cour toutes les Chambres affemblées, ayant deliberé fur la lettre de Subftitud du Procureur General du Roy à Orleans du 30. du mois paffé, efcrite audit Procureur General , & apportée à ladite Cour ce matin par les Gens du Roy , faifant mention du
refus fait par les gens tenant le Prefidial audit lieu , d'executer les ordres & Arrefts de ladite Cour à eux enuoyez , & de ce qu'ils ont fait
regiftrer vne Declaration pour iuger fouuerainement. Ouy lefdits gens
du Roy en leurs Conclufions à ce qu'il y fuft pourueu , & lecture faite de ladite lettre. A arrefté & ordonné , que les Lettres de ladite Cour
& les Arrefts d'icelle feront derechef enuoyez aufdits Officiers du
Prefidial, Preuofté, Maire & Efcheuins d'Orleans , aufquels enioint
de les receuoir , faire regiftrer & executer inceffamment à peine d'in-
terdiction ; leur fait tres expreffes inhibitions & deffences de receuoir,
deferer & reconnoiftre autres ordres contraires à ladite Cour, donnez
pour maintenir l'authorité du Roy & la tranquilité publique. Leur
fait en outre deffences de connoiftre & iuger d'autres matieres que de
celles à eux attribuées par les Edicts du Roy verifiez en ladite Cour.
Enioint au Gouuerneur & fubiets dudit Seigneur Roy de ladite Ville,
tenir la main à l'execution , à peine d'eftre declarez perturbateurs du
repos public. Fait en Parlement le 8. Fevrier 1649.
          Signé,   DV TILLET.

ARREST DE LA COVR DE

Parlement, Portant qu'aucunes personnes ne pourront sortir de cette Ville en vertu de passe-ports, apres huictaine du iour & datte d'iceux.

Du 11. iour de Février 1649.

CE iour, Messieurs les Deputez pour les passe-ports assemblez, Sur ce que l'vn d'iceux a remonstré que l'on faisoit difficulté de laisser passer aux portes de cette Ville & Faux-bourgs, ceux qui auoient passe-port de cette Cour, lors qu'ils se trouuoient dattez de huit ou dix iours : La matiere mise en deliberation, Ont aresté & ordonné qu'aucuns passe ports de cette Cour, n'auront lieu apres huictaine, & icelle passée seront renouuellez. Et sera le present Arrest leu, publié & affiché par toutes les portes & carrefours de cette Ville & Faux bourgs de Paris. Fait en Parlement le 11 Février 1649.
Signé,   GVYET.

ARREST DE LA COVR DE

Parlement, touchant la venue du Herault.

Du 12. Fevrier 1649.

CE iour, la Cour toutes les Chambres assemblées, aduertie que l'vn des Capitaines de la Ville estoit au Parquet des Huissiers, a esté fait entrer le sieur Michel, Capitaine estant en garde à la porte S. Honoré, qui a dit, que ce matin s'est presenté à ladite porte vn Herault du Roy, vestu de sa cotte-d'armes, ayant son baston, accompagné de deux Trompettes, lequel dit auoir charge du Roy de parler à la Cour & à la Ville; auoit estimé ledit Capitaine de faire entrer ledit Herault en vne maison du Faux-bourg, iusqu'à ce qu'il eust ordre : a esté dit audit Capitaine, qu'il auoit bien fait; Et retiré, la matiere mise en deliberation, A esté aduisé, que Monsieur le Prince de Conty, & les Ducs & Pairs & Generaux qui ont seance & voix deliberatiue en ladite Cour, seroient aduertis. Ce qu'ayant esté fait, & aucuns d'eux venus, l'affaire mise en deliberation; Ladite Cour a aresté & ordonné, Que les Gens du Roy iront dire audit Herault, qu'elle a differé par respects de l'entendre, & deputé lesdits Gens du Roy, lesquels se transporteront presentement vers ledit Seigneur Roy & la Reyne Regente, pour leur en faire entendre les raisons, & tesmoigner les submissions & obeïssances de ladite Cour. Et à l'instant lesdits Gens du Roy mandez, Monsieur le Premier President leur a fait entendre le susdit Arresté. Fait en Parlement, le 12. Février 1649.

Signé,   DV TILLET.

ARREST DE LA COVR DE

Parlement, Portant que les Arrests de ladite Cour, & Ordonnances des Commissaires commis pour les Taxes, seront executez, & les Gens d'affaires & Traitans contraints au payement desdites Taxes par emprisonnement.

Du 13. Février 1649.

CE iour, la Cour toutes les Chambres assemblées, deliberant sur l'estat des affaires presentes, A arresté & ordonné que les Arrests de ladite Cour, & Ordonnances des Commissaires commis pour les Taxes, seront executez, & les Gens d'affaires & Traitans contraints par prison au payement desdites Taxes, & sauf à les taxer de nouueau s'il y eschet. Fait en Parlement le treiziéme Février mil six cens quarante-neuf.   Signé,   DV TILLET.

ARREST DE LA COVR DE

Parlement, sur la venuë du Herault.

Du 13. Février 1649.

CE iour, la Cour toutes les Chambres assemblées, aduertie que le sieur de Longueil, Capitaine Colonel, estoit au Parquet des Huissiers, demandoit à parler à la Cour, a esté fait entrer, & dit que le Herault de la part du Roy, s'estoit presenté à la Porte de Richelieu, en laquelle ledit Capitaine est en garde, & a laissé sur la Barriere trois pacquets de lettres qu'il fait garder: Luy retiré, la matiere mise en deliberation, apres que le sieur Prince de Conty & les Sieurs Ducs d'Elbeuf & de Luynes aduertis, sont entrez & pris leurs places, A esté arresté, que lesdits trois pacquets de lettres demeureront entre les mains du Lieutenant dudit Capitaine Colonel, iusques à ce qu'il en ait esté par la Cour ordonné. Fait en Parlement le 13. Février 1649.

Signé,   DV TILLET.

ARREST

ARREST DE LA COVR DE

Parlement, sur le procez du Chevalier de la Vallette.

Du 13. Février 1649.

CE iour la Cour, toutes les Chambres assemblées, a arresté & ordonné que par Messieurs Clement le Meusnier, & Iean Douiat,
Conseillers du Roy en icelle, il seroit incessamment procedé au faict
de l'interrogatoire du Chevalier de la Vallette prisonnier en la Conciergerie du Palais, au recollement & confrontation des témoins si
besoin est, de l'information contre luy faite & instruction du procez,
pour estre procedé au iugement d'iceluy Lundy prochain; cependant
ses meubles, papiers, vaisselle d'argent & autres choses sur luy saisies,
mis en bonne & seure garde par les Commissaires commis, nonobstant
tous empeschemens, oppositions & appellations. Fait en Parlement
le 13. Fevrier 1649.   Signé ,   DV TILLET.

Ordonnance pour la garde ordinaire des Portes de la Ville
& Faux-bourgs de Paris, & autres expeditions qui
seront commandées pour le service du Roy,
& la conservation de ladite Ville.

Du 14. Février 1649.

SVr la plainte faite à l'Hostel de cette Ville de Paris par les Sieurs
Colonels & Capitaines d'icelle, du refus & mespris des Chefs d'Hostel & Chambrelans de se trouver en personne à la garde ordinaire des
portes, & aux expeditions extraordinaires qui sont commandées pour
le service du Roy, & conservation de la Ville, suiuant qu'il leur a esté
cy-deuant enjoint, à peine d'amende : Et qu'aucuns soy disans exempts
n'y vont point du tout, ny personne pour eux, & les autres y enuoyent
seulement des Lacquais, Valets & ieunes Garçons, qu'ils loüent, mal-
adroits, incapables de correction, & de porter les armes, & pauure-
ment vestus, lesquels commettent pluftost des desordres, querelles,
yvrogneries & insolences ausdits corps de garde, que d'y rendre aucun service, & les abandonnent, mesmes desrobent les armes des soldats, d'où est arriué accidens de mort-d'hommes : A quoy estant important de remedier. Il est derechef enioint à tous Chefs d'Hostel &
Chambrelans de se trouuer doresnauant en personne sans y faillir, auec

Q

armes suffisantes ausdites gardes ordinaires & extraordinaires, & se rendre aux mandemens desdits Sieurs Colonels & Capitaines, & au partement de leurs Compagnies où elles seront commandées de marcher, à peine de desobeïssance, & de huict liures parisis d'amende pour chacune fois, s'il n'y a excuse de maladie deuëment atestée : Au payement de laquelle amende est aussi enjoint ausdits Colonels & Capitaines de les faire contraindre par leurs Officiers, lesquels pour leur refus de ce faire en demeureront responsables en leurs priuez noms, par execution & vente de meubles sur le champ au son du tambour, & seront les deniers en prouenans mis és mains desdits Capitaines chacun en sa Compagnie par celuy de ses Officiers qu'il commettra à les receuoir, pour estre employez où besoin sera. Faisant deffences ausdits Capitaines & à leurs Officiers de plus receuoir en leurs Compagnies aucuns Lacquais, ieunes Garçons, & autres incapables de telle fonction militaire, à peine d'en respondre. Et outre deffences expresses aux Soldats d'abandonner lesdits Corps de garde & leurs armes, ny leurs Capitaines & Drapeaux sans congé, à peine de confiscation d'armes, & d'amende arbitraire par lesdits Capitaines, au profit de qui ils verront bon estre, ny ausdits Soldats & Officiers de commettre aucun desordre, ny tirer l'espée, & s'outrager les vns les autres, à peine de la vie. Ce qui sera publié & affiché par tous les carrefours & places publiques de ladite Ville & faux-bourgs, à ce qu'aucun n'en ignore. Faict au Bureau de la Ville le 14. Février 1649.

Signé,   LE MAIRE.

ARREST DE LA COVR DE PARLEMENT,
contre le Chevalier de la Vallette.

Du 15. Février 1649.

CE Iour, la Cour toutes les Chambres assemblées, ayant deliberé sur le rapport fait par deux Conseillers d'icelle, de l'interrogatoire par eux faite au Chevalier de la Vallette prisonnier en la Conciergerie, & sur la lettre escrite par le sieur Prince de Condé au sieur de Boüillon, a arresté & ordonné, que suiuant l'Arrest donné Samedy dernier, il seroit incessamment procedé par lesdits Conseillers à l'instruction du procez encommencé contre ledit Chevalier de la Vallette, & informé plus amplement contre luy & tous ses adherans & complices, à la requeste du Procureur General du Roy, auquel sera deliuré monition en forme de droit. Ordonne en outre que Sebastien Larmer Religieux cy deuant Recollé, qui auroit esté trouué auec ledit de la Vallette, & qui s'est euadé, sera pris & apprehendé au corps, &

amené prisonnier en ladite Conciergerie si pris & apprehendé peut
estre, sinon adiourné à trois briefs iours à son de trompe & cry public,
ses biens saisis & anotez en la maniere acoustumée. Cependant sera
toute la vaisselle d'argent saisie & arrestée sur ledit de la Vallette, pe-
sée & portée à la monnoye, & conuertie en especes d'argent, & le prix
mis entre les mains de Iean Baptiste Fornes, & Sebastien Cramoisy,
ou l'vn d'eux, pour estre employez aux frais de l'armement & subsistance des guerres, par l'ordre de Messire Pierre Viole, Conseiller en
la Cour & President és Enquestes, & Charles de la Grange Conseiller & Maistre des Comptes, le reste des meubles demeurans saisis &
mis en seure garde, & a esté la lettre mise és mains des Conseillers
commis pour l'instruction dudit procez. Fait en Parlement le 15. Février
1649. Signé, DV TILLET.

ARREST DE LA COVR DE PARLEMENT.

Du 16. Février 1649.

LA Cour toutes les Chambres assemblées, ayant deliberé sur les affaires presentes, & l'execution des Arrests d'icelle, A enioint à
tous Officiers du Roy, Maires & Escheuins des Villes du ressort de ladite Cour, mettre à execution les Arrests & ordres d'icelle qui leur seront par elle enuoyez au nom du Roy, leur fait deffences de defferer à
ceux qui leur pourroient estre enuoyez au contraire. Fait en Parlement
le 16. Fevrier 1649. Signé, DV. TILLET.

Ordonnance de Messieurs les Preuost des Marchands & Escheuins de la Ville de Paris.

ON fait à sçauoir à tous les Volontaires tant de pied que de cheual, qui voudront aller en party, & s'employer aux escortes des
Viures pour la fourniture de ceste Ville de Paris, qu'ils ayent à se trouuer promptement au logis du Marquis de la Boulaye rue de Mont-
martre proche de l'esgoust, afin de s'y faire enrooller, suiuant le seruice qu'ils y voudront rendre.

ARREST DE LA COVR DE

Parlement, Portant que taxes seront faites sur tous Messieurs les Secretaires, Aduocats, Procureurs & autres particuliers habitans de cette Ville & Faux-bourgs de Paris, comme Bourgeois, pour la Subsistance des gens de guerre.

Du 16. Février 1649.

CE iour, la Cour toutes les Chambres assemblées, A arresté & ordonné que les taxes pour la subsistance par mois, seront faites sur tous les Secretaires, Aduocats, Procureurs & autres Particuliers habitans de cette Ville & Faux-bourgs, comme Bourgeois, à l'exception des Presidens, Conseillers & Officiers des Cours Souueraines, & autres Compagnies, qui voudront payer pour ladite Subsistance les Taxes faites & ordonnées suiuant celle de Corbie. Et seront tenus tous lesdits particuliers payer lesdites taxes faites & à faire. Et le present Arrest affiché par tout où il appartiendra. Fait en Parlement le 16. Feurier 1649.   Signé,   GVYET.

ARREST DE LA COVR DE

Parlement, Portant que tous les meubles estans en la maison du Cardinal Mazarin, seront vendus.

Du 16. Feurier 1649.

CE iour, la Cour toutes les Chambres assemblées, A arresté & ordonné, qu'à la requeste du Procureur general du Roy, tous les meubles estans en la maison du Cardinal Mazarin de cette Ville de Paris, seront vendus au plus offrant & dernier encherisseur, par les Huissiers Cazault, Cheron, Herbinot, & Binot, tous les Creanciers & opposans presens ou deuëment appellez, en presence de Messieurs Iean Douiat, Estienne Sainctot, Pierre Catinat, & Charles de la Nauue, Conseillers du Roy en ladite Cour, ou l'vn d'eux ; & les deniers tenus en Iustice, iusques à ce que lesdits creanciers & opposans ouys en ait esté par ladite Cour ordonné: à la reserue toutefois de la Bibliotheque, pour la vente de laquelle sera surssis iusques à ce qu'autrement y ait esté pourueu par ladite Cour; cependant elle demeurera en la garde de Gabriel Naudé, lequel s'en chargera, & de ce en fera le serment & soumissions pardeuant lesdits Conseillers qui y pouruoiront à ce que la Bibliotheque soit conseruée en son entier. Fait en Parlement le 16. Feurier 1649.   Signé,   DV TILLET.

ARREST

ARREST DE LA COVR DE

Parlement, par lequel il est enioint à tous les Quartiniers de cette Ville de Paris, de porter ou enuoyer és mains de Sebastien Cramoisy & Iean Baptiste Forne, toutes les Taxes par eux receuës, & celles qu'ils receuront cy-apres, des Particuliers Habitans de cettedite Ville.

Du dix-huictiéme Février mil six cens quarante-neuf.

LA Cour, toutes les Chambres assemblées, A ORDONNE' & ordonne à tous les Quartiniers de cette Ville de Paris, porter ou enuoyer incontinent & sans delay, ce qui reste entre leurs mains des Taxes des Trente liures & Cent cinquante liures, & autres Taxes par eux receués des Particuliers habitans de cettedite Ville: Comme aussi ce qu'ils receuront cy apres desdites Taxes, entre les mains de Sebastien Cramoisy & Iean Baptiste Forne, ou l'vn d'eux, qui en bailleront quittance; Ce faisant lesdits Quartiniers deschargez. Fait en Parlement le dix-huictiéme Février mil six cens quarante-neuf. Signé, DV TILLET.

Ordonnance de Messieurs les Preuost des Marchands & Escheuins de la Ville de Paris.

IL est fait deffences à toutes personnes de quelque qualité & condition qu'elles soient, de sortir ny faire transporter aucunes poudres, mesches, balles, plomb, & autres armes & munitions de guerre, & quelques autres choses que ce puisse estre, hors les portes de cette Ville sans Passeport, à peine de la vie. Enioignons aux Capitaines & Gardes des portes d'icelle Ville, de tenir la main à l'execution de la presente Ordonnance, à peine d'en respondre en leurs propres & priuez noms. Ce qui sera crié à son de Trompes & cry public, & affiché aux portes & carrefours de ladite Ville, à ce qu'aucun n'en ignore. Fait au Bureau de la Ville le 18.Février 1649.

Signé, LE MAIRE.

R

ARREST DE LA COVR DES

*Aydes , Portant que tous les deniers deſtinez pour le paye-
ment des gages des Officiers & rentes , ſeront inceſſamment
apportez en cette Ville , pour eſtre employez par les Payeurs
au faiƈt de leurs charges en la maniere accouſtumée.*

Du 19. iour de Février 1649.

CE iour, la Cour les Chambres aſſemblées, deliberant ſur les plaintes faites par les Receueurs & Payeurs des gages des Officiers &
rentes aſſignées ſur la Ville , que le fonds deſtiné pour le payement
deſdits gages & rentes eſtoit diuerty , au moyen dequoy les Officiers
& Rentiers ne pouuoient eſtre payez de leurs gages & rentes. Ce qui
cauſoit vn grand deſordre , & ſupplioient la Cour d'y pouruoir. Concluſions du Procureur General du Roy , La matiere miſe en deliberation : A ORDONNE' ET ORDONNE, Que tous les deniers deſtinez pour
le payement des gages & rentes, ſeront inceſſamment apportez en cette Ville de Paris , pour eſtre mis , ſçauoir les deniers deſdits gages és
mains des Receueurs & Payeurs d'iceux pour eſtre employez au faiƈt
de leurs Charges en la maniere accouſtumée, & les deniers des rentes
apportez en l'Hoſtel de cette Ville de Paris , pour eſtre diſtribuez aux
Rentiers par les Receueurs & Payeurs en charge : A fait & fait tres
expreſſes inhibitions & deffences à toutes perſonnes de contreuenir au
preſent Arreſt , ny apporter empeſchement à l'execution d'iceluy , à
peine d'eſtre tenus par eux , leurs vefues , heritiers , donataires & biens
tenans , de la reſtitution deſdits deniers , & de tous dommages & intereſts en leurs propres & priuez noms : Et ſera le preſent Arreſt leu &
publié l'Audiance tenant aux Sieges des Eſlections & Greniers à Sel
dependans du reſſort de ladite Cour : Enioint aux Subſtituts du Procureur General du Roy de tenir la main à l'execution dudit Arreſt , &
de certiffier la Cour de leurs diligences au mois. Fait à Paris en ladite Cour des Aydes le dix-neufiéme iour de Février mil ſix cens quarante-neuf.   Signé,   BOVCHER.

Ordonnance de Meſſieurs les Preuoſt des Marchans , &
Eſcheuins de la Ville de Paris.

SVr ce qui nous a eſté repreſenté par les Quartiniers de cette Ville
de Paris , Que la reconnoiſſance du continuel trauail qui eſt donné

aux Cinquantiniers & Diziniers de cette-dite Ville & Faux-bourgs, tant par l'execution des Mandemens continuels que nous addreſſons auſdits Quartiniers pour les affaires publiques, que par la ſubjection qu'ils ont d'aller ouurir & fermer les portes de ladite Ville, coucher en icelles toutes les nuits lors de la garde deſdites portes, & rapporter les clefs les matins aux maiſons deſdits Quartiniers, ne conſiſtoit qu'à des priuileges & exemptions auſquels nos predeceſſeurs les ont touſiours maintenus & conſeruez, & entr'autres de l'exemption de la garde deſdites portes, & autres charges de ladite Ville. IL EST ORDONNE' aux Colonels, Capitaines & autres Officiers deſdites Colonelles de ne comprendre dans les Roolles de leurs Compagnies leſdits Cinquantiniers & Diziniers, iceux forcer ny contraindre d'aller ny enuoyer à la garde deſdites portes comme exempts d'icelle, en laquelle exemption en tant que beſoin ſeroit, Nous les auons confirmez & maintenus, Confirmons & maintenons par ces preſentes, ſans qu'ils y puiſſent eſtre contraints pour quelque cauſe & occaſion que ce ſoit. Fait au Bureau de la Ville le 20. iour de Feurier 1649.
Signé,   LE MAIRE.

ARREST DE LA COVR DE

Parlement, Portant qu'il ſera fait recherche des moyens d'auoir argent pour l'armement & ſubſiſtance des gens de guerre, auec deffenſes aux habitans de payer aucunes Tailles ny autres Taxes; Et en cas de contrauention, qu'il ſera procedé par droit de repreſailles.

Du 22. Feurier 1649.

CE iour, la Cour toutes les Chambres aſſemblées, ayant deliberé ſur vne copie d'Ordonnance du ſieur Fouquet, Maiſtre des Requeſtes, ſignifiée aux habitans de Pont-carré, pour leur faire payer la Taille, & ſur vn imprimé contenant vn Arreſt du Conſeil & Roolle des Taxes ſur pluſieurs Terres appartenans aux Preſidens, Conſeillers & Officiers de ladite Cour & autres perſonnes de cette Ville & Faux-bourgs de Paris, A Arreſté qu'il ſera inceſſamment fait recherche des moyens d'auoir argent pour l'armement & ſubſiſtance des gens de guerre : Fait tres-expreſſes inhibitions & deffences d'executer les Taxes portées par ledit Roolle imprimé, à peine de la vie; & en cas de contrauention au preſent Arreſt, Ordonne qu'il ſera procedé par droit de repreſailles ſur tous les biens, maiſons, terres, heritages des contreuenans & des chefs qui auront permis & ſouffert les contrauen-

tions & actes d'hoftilité. Ordonne que Maiftre Fouquet, Confeiller & Maiftre des Requeftes, qui a decerné l'Ordonnance contre lefdits habitans de Pont-carré, rapportera en la Cour fa
Commiffion dans trois iours apres la fignification du prefent Arreft en
fon domicile à Paris, à la requefte du Procureur General du Roy, &
jufques à ce, luy a interdit l'exercice de fa Charge, luy fait defenfes
d'en faire aucune fonction, à peine de faux. Fait en Parlement le 22.
Février 1649.   Signé,   DV TILLET.

ARREST DE LA COVR DE

Parlement, Portant deffenfes à tous foldats & autres per-
fonnes de quelque qualité qu'elles foient, d'aller-és maifons
des particuliers habitans de cette Ville & Faux-bourgs, de-
mander aucuns deniers, fi ce n'eft en la prefence de deux
Confeillers de ladite Cour.

Du 22. Février 1649.

LA Cour, toutes les Chambres affemblées. Sur ce qui a efté pro-
pofé qu'aucuns Soldats fe font émancipez d'aller és maifons de
quelques particuliers habitans de cette Ville, & fur faux pretextes
ont voulu exiger des fommes de deniers notables, à quoy eftoit befoin
de pouruoir : A fait & fait tres expreffes inhibitions & deffenfes à toutes perfonnes de quelque qualité & condition qu'elles foient, d'aller
és maifons des particuliers habitans de cette Ville & Faux-bourgs,
pour demander & faire recherche de deniers, fi ce n'eft en prefence
de deux Confeillers de ladite Cour, à peine de la vie contre les contreuenans. Et fera le prefent Arreft à la requefte du Procureur General du Roy, publié & affiché en tous les carrefours de cette-dite Ville
& Faux-bourgs, à ce qu'aucun n'en pretende caufe d'ignorance. Fait
en Parlement, le 22. Fevrier 1649.
          Signé,   DV TILLET.

Ordonnance de Meßieurs les Preuoft des Marchands & Efcheuins de la Ville de Paris.

IL eft fait tres-expreffes inhibitions & deffences à tous ceux qui commandent aux portes de la Ville, & aux gardes des aduenuës des
Faux-bourgs d'icelle, & tous autres qu'il appartiendra, d'arrefter directement ou indirectement, & fous quelque pretexte que ce foit, les
bleds

bleds, farines, & autres prouifions de bouche qui y font apportées, Que Nous enioignons à toutes perfonnes generalement quelconques de laiffer entrer en ladite Ville, fans faire ny donner aucun empefche-ment à ceux qui en feront la conduite, à peine de la vie. Ce qui fera de nouueau publié à fon de Trompe & cry publicq, & affiché aufdites portes.& gardes aduancées & par tout ailleurs où befoin fera, à ce qu'aucun n'en ignore. Fait au Bureau de la Ville le vingt quatriéme Fevrier mil fix cens quarante-neuf.

Signé, LE MAIRE.

LETTRE DE MONSIEVR LE DVC DE Longueville, à Meſsieurs du Parlement de Paris.

MESSIEVRS,

Ie prends part à la fatisfaction que Meffieurs de ce Parlement ont receuë par vos dernieres. Ils ont beaucoup eftimé vos Remonftrances, & fait grand cas de vos Arrefts: Mais ils fe tiennent particulierement obligez de celuy que vous auez donné pour la fuppreffion de leur Se-meftre, qui tenoit la Iuftice de cette Prouince dans vne eftrange con-fufion. L'on ne peut rien adioufter au defir qu'ils ont de viure auec vous dans vne parfaite intelligence; Et bien que leur inclination & l'inte-reft qu'ils ont au falut del'Eftat, les excite affez à conferuer cette vnion, ie fais agir tous mes foins pour entretenir cette correfpondance, & pour auancer le fecours que nous defirons vous donner auec plus d'im-patience, que vous n'en auez de le receuoir. Le feruice du Roy, le bien du Public, la gloire de rendre à voftre Compagnie la liberté qu'elle perd pour la conferuer à la France, & l'honneur de fecourir tant de Perfonnes Illuftres, & tant de gens de bien affiegez dans Paris, font d'affez puiffans motifs pour m'empefcher de perdre vn feul moment de temps que ie dois à cette genereufe entreprife. I'efpere auffi que vous connoiftrez bien-toft auec quelle diligence nous nous employons à preparer toutes les chofes neceffaires pour noftre deffein, dans le-quel ie chercheray les moyens de vous tefmoigner que ie fuis,

MESSIEVRS,

Voftre tres-humble & tres-affectionné
feruiteur, HENRY D'ORLEANS.

A Roüen ce 25. Fevrier 1649.

S

LETTRE DE MESSIEVRS DE LA
Cour de Parlement de Normandie, à Messieurs de la Cour de Parlement de Paris.

MESSIEVRS,

Voſtre derniere depeſche nous a fait voir la continuation de voſtre fidelité par vos Remonſtrances, de voſtre generoſité par vos Arreſts, de voſtre correſpondance par vos Lettres. Nous auons donné ces Actes au Public, afin que toute la France ayant reconnu vos Submiſſions, voſtre Iuſtice & vos Raiſons, ſe diſpoſe à ſuiure vos Iugemens, & à ſe ioindre auec nous, pour s'oppoſer à l'iniuſte oppreſſion d'vne Compagnie dont toute l'Europe a ſouuent conſulté les Oracles. Nous prenons part à vos plaintes, & nous y pouuons adiouſter le miſerable eſtat de ce Parlement, que l'on auoit rigoureuſement deſchiré, ſans aucun crime, que d'vne obeyſſance aueugle. Les deſordres de cette Prouince, le deſeſpoir des Femmes violées, la miſere des Villages pillez, & les feux de nos maiſons brûlées, éclatent aſſez par tout le Royaume, pour iuſtifier les defenſes legitimes que nous preparons contre ces violences; Et neantmoins dans les tumultes du temps, & dans la confuſion des armes, nous redoublons nos vœux & nos reſpects enuers noſtre Prince; & nous proteſtons auec vous, que la ſeule paſſion de conſeruer ſon authorité, ſon Eſtat & la liberté publique, nous oblige auec autant de neceſſité que de douleur, à nous ſeruir des derniers remedes, dõt l'amertume paſſera quelques iours dans vne agreable douceur. Nous vous enuoyons les Arreſts que nous auons donnez, pout vous faire connoiſtre les ſoins que nous auons d'imiter voſtre conduite, & d'auancer le ſecours que vous auez deſiré. Monſieur le Duc de Longueville employe continuellement ſon courage, ſon credit & ſes peines pour vn ſi iuſte deſſein, & les autres Compagnies Souueraines n'oublient rien pour le faire reüſſir. Nous eſperons en fin que dans peu de iours les Troupes de la Normandie ſeront en eſtat de nous ouurir les paſſages, & nous rendre vne libre communication, dans laquelle nous taſcherons de vous donner autant de ſatisfaction par l'vnion inuiolable & ſincere dont nous vous aſſeurons, que nous auons de reſſentiment de celle que vous nous promettez, & des Arreſts que vous auez donnez. Nous n'auons pas voulu rien arreſter ſur la conuocation des Eſtats, que nous n'ayons appris ce que vous en aurez ordonné. Les affaires plus preſſantes nous ont empeſché iuſques icy, de donner l'Arreſt que vous ſouhaitez : ce ſera le ſuiet de l'vne des premieres Aſſemblées, dont vous pouuez attendre vne reſolution conforme à vos ſentimens, puis qu'ils font pleins de Iustice, & que nous voulons viure auec vous dans vne intelligence qui ne souffre iamais aucune diuision. Nous sommes,

MESSIEVRS,

Vos Freres & bons amis , Les Gens tenans la Cour de Parlement de Normandie.

Signé,   VAIGNON, Greffier en chef de ladite Cour.

A Roüen ce 22. Feb. 1649.

ARREST PORTANT QVE TOVS LES DENIERS qui se trouueront entre les mains des Comptables & Fermiers, seront apportez en l'Hostel commun de la Ville de Roüen.

LA Cour, les Chambres assemblées, assistans en icelle le Seigneur Duc de Longueville, Gouuerneur pour le Roy en cette Prouince de Normandie, le sieur Marquis de Beuuron, Lieutenant General audit Gouuernement, & les Deputez des autres Compagnies Souueraines: Desirant pouruoir à la seureté des Deniers publics, & faire qu'ils soient vtilement employez pour le seruice du Roy, le bien & vtilité publique; A ORDONNE' & ordonne , Que tous Comptables & Fermiers apporteront incessamment en l'Hostel commun de cette Ville de Roüen, tous les deniers dont ils seront saisis, à la reception desquels , & verification d'iceux sur les bordereaux, seront preposez par les Escheuins de cettedite Ville de Roüen, trois notables Bourgeois, lesquels auront chacun vne clef du coffre dans lequel ils seront deposez : Et pour éuiter aux abus qui se pourroient commettre en la perception des deniers des Receptes qui sont en party, ordonné qu'auec les Receueurs commis par les Adiudicataires, seront preposez des Controlleurs en chaque Recepte, pour tenir fidele registre de ce qui se perceura ausdits Bureaux, à ce que lesdits deniers puissent estre portez chaque iour audit Hostel de Ville. FAICT à Roüen en ladite Cour de Parlement, les Chambres assemblées le 3. iour de Feb. 1649. Signé, VAIGNON.

AVTRE ARREST PORTANT QVE LE SEL qui se trouuera dans le Grenier & Magazin du depost de la Ville de Roüen, sera vendu, & les deniers en prouenans, employez pour le seruice du Roy & conseruation de la Preuince.

LA Cour , les Chambres assemblées , assistans en icelle le Seigneur Duc de Longueville, Gouuerneur pour le Roy en la Prouince de Normandie , le Sieur Marquis de Beuuron, Lieutenant General audit Gouuernement, & les Deputez des autres Compagnies Souueraines: Sur ce qui a esté representé qu'il se commet plusieurs abus & maluer-

ſations au faict des Gabelles en cette Prouince, & que le faux-ſaunage
eſt à preſent ſi frequent, que s'il n'y eſt pourueu, la Ferme des Gabelles,
dont le Roy a touſiours receu grand ſecours, demeurera preſque inutile, & particulierement en ce temps que la Prouince eſt remplie de
Troupes : Lequel abus prouient tant des miſeres qu'extréme neceſſité
du Peuple, que du prix exceſſif & des nouuelles augmentations qui ont
eſté miſes ſur le Sel depuis pluſieurs années, encores qu'aux Prouinces
plus eſloignées de la Mer, & pour la fourniture deſquelles il conuient
faire beaucoup plus de frais, on aye eſté contraint, pour les cauſes cy-
deſſus, d'y donner de la diminution, A ioindre qu'au moyen d'vne moderation conſiderable, qui couperoit pied auſdits abus & maluerſatiōs,
le Roy n'en tireroit pas moins de ſecours de cette Prouince qu'il a fait
cy-deuant : Et veu la neceſſité preſente des affaires, A ORDONNE'
& ordonne, Que le Sel eſtant dans le Grenier & Magaſin de depoſt de
cette Ville & Faux-bourgs, ſera vendu & diſtribué aux Habitans d'i-
celle & lieux circonuoiſins, par les Officiers ordinaires dudit Grenier,
pendant quinze iours prochains & conſecutifs de la publication du preſent Arreſt, aux prix & ſur le pied de dix liures le boiſſeau ; A laquelle
vente & diſtribution ſera procedé par leſdits Officiers à tous iours
& heures pendant ledit temps, Pour eſtre les deniers qui en prouiendront mis és mains de ceux qui ſeront commis & prepoſez pour cét
effet, & employez vtilement pour le ſeruice du Roy & conſeruation
de la Prouince : Enioint aux Officiers des Greniers à Sel, chacun endroit ſoy, de tenir exactement la main pour empeſcher le faux-ſaunage
& proceder à l'encontre de ceux qui en ſeront preuenus, ſuiuant la rigueur des Ordonnances. Et ſera le preſent Arreſt leu, publié & imprimé. FAICT & arreſté à Roüen en ladite Cour de Parlement, les Chambres aſſemblées le troiſième iour de Feurier 1649. Et publié à la Barre
de la Salle du Palais le 4. iour dudit mois & an. Signé, VAIGNON.

Lecture & publication du contenu au preſent Arreſt, a eſté faite à ſon de
Trompe & cry public par les Carrefours & Places publiques de cette Ville de
Rouen, par nous Huiſſiers du Roy en ladite Cour de Parlement, ſous-ſignez,
ce quatriéme iour de Feurier mil ſix cens quarante-neuf, preſence d'Ale-
xandre Coüillard, Trompette ordinaire, aſſiſté de trois autres Trompettes.
Signé, Grauerel, le Courtois, de la Porte, & le Tac.

AVTRE ARREST, PORTANT QVE CHACVN
Bourg & Village déclos payant cinq cens liures tant en
Tailles qu'autres ſubſides, fournira vn homme, & les autres
Villages payans plus grande ſomme, à proportion.

LA Cour, les Chambres aſſemblées, où eſtoient le Seigneur Duc de
Longüeville, Gouuerneur pour le Roy en la Prouince de Normandie,

mandie; le sieur Marquis de Beuuron, Lieutenant General pour le Roy
audit Gouuernement, Et les Deputez des autres Cours Souueraines;
Desirant pouruoir à la seureté publique : & empescher les violences &
pilleries qui se commettent en cette Prouince, A ordonné & ordonne,
que tous les Villages & Bourgs déclos, payans, année derniere, pour
Taille, Taillon, Subsistance & autres droicts, la somme de cinq cens liures & au dessous, fourniront chacun vn homme de pied, armé d'espée,
& de mousquet; & celles imposées à mil liures, deux hommes, & ainsi
au dessus à proportion, desquels ils respondront & qu'ils seront tenus de
rendre aux lieux d'assemblée qui sera faite en la Ville où est le Siege de
chacune Ellection, pardeuant le porteur des Ordres & Commissions
dudit Seigneur Duc de Longueville, duquel ils retireront certificat
pour leur valoir de Quittance de la somme de cinquante liures pour
chacun homme, en diminution de leur impost à Taille, & ce dans la
huictaine du iour de la publication du present Arrest, qui sera faite dans
chacun des Sieges de Ellections de cette Prouince, & faute par eux de
fournir lesdits hommes armez audit temps, lesdits Parroissiens & Habitans y seront contraints par toutes voyes deuës & raisonnables, &
comme pour les propres affaires du Roy, sans qu'il leur en soit fait aucune diminution sur leurdit impost à Taille : Et enioint aux Presidens &
Esleus de cettedite Prouince, de faire proceder incontinent & sans delay à l'execution du present Arrest & publication d'iceluy aux Prosnes
de chacune Parroisse. Fait à Roüen en ladite Cour de Parlement, les
Chambres assemblées, le cinquiéme iour de Fevrier 1649.
Signé,   VAIGNON.

AVTRE ARREST PORTANT QVE LE SEL
qui se trouuera au Grenier de Caën, sera vendu, & les deniers
employez pour le seruice du Roy, & au soulagement de ladite
Prouince.

LA Cour, les Chambres assemblées, assistant en icelle de Seigneur
de Longueville, Gouuerneur pour le Roy en la Prouince de Normandie, Le sieur Marquis de Beuuron Lieutenant General audit Gouuernement, Et les Deputez des autres Compagnies Souueraines : Sur
ce qui a esté representé qu'il se commet plusieurs abus & maluersations
au fait des Gabelles en cette Prouince, & que le faux-saunage est à present si frequent, que s'il n'y est pourueu, la Ferme des Gabelles dont le
Roy a tousiours receu grand secours, demeurera presque inutile, &
particulierement en ce temps que la Prouince est remplie de Troupes :
Lequel abus prouient tant des miseres, qu'extréme necessité du peuple,
que du prix excessif, & des nouuelles augmentations qui ont esté mises
sur le Sel depuis plusieurs années, encores qu'aux Prouinces plus esloi-
gnées de la Mer, & pour la fourniture desquelles il conuient faire beau-

T

coup plus de frais, on ait esté cantraint pour les causes cy-dessus, d'y
donner de la diminution, A ioindre qu'au moyen d'vne moderation
considerable, qui couperoit pied ausdits abus & maluersations, le Roy
n'en tireroit pas moins de secours de cette Prouince qu'il a fait cy-deuant: Et veu la necessité presente des affaires, A O R D O N N E' & ordonne, que le sel estant dans les Greniers & Magazins de dépost de la
Ville de Caën sera vendu & distribué aux Habitãs d'icelle, & des Faux-
bourgs & lieux circonuoisins, par les Officiers ordinaires dudit Grenier, pendant quinze iours prochains & consecutifs de la publication
du present Arrest, au prix & sur le pied de dix liures le boisseau; A laquelle vente & distribution sera procedé par lesdits Officiers à tousjours & heures pendant ledit temps, pour estre les deniers qui en prouiendront mis és mains de ceux qui seront remis & preposez pour cét
effet, & employez vtilement pour le seruice du Roy & conseruation de
la Prouince: Enioint aux Officiers des Greniers à Sel chacun endroit
soy, de tenir exactement la main pour empescher le faux saunage, &
proceder à l'encontre de ceux qui en seront preuenus, suiuant la rigueur
des Ordonnances: Et sera le present Arrest, leu, publié, & imprimé.
F A I T & arresté à Roüen en ladite Cour de Parlement, les Chambres
assemblées, le 8. iour de Feurier 1649. Signé, V A I G N O N.

AVTRE ARREST PORTANT QVE LES
*Parroisses qui ne pourront fournir vn homme, en seront exemp-
tes payant cinquante liures, & celles qui en doiuent fournir
dauantage, en payant à proportion.*

S V R ce qui a esté representé à la Cour, les Chambres assemblées
où estoient le Seigneur Duc de Longueville, Gouuerneur pour le
Roy en la Prouince de Normandie, Le Sieur de Beuuron Lieutenant
General audit Gouuernement, Et les Deputez des autres Compagnies
Souueraines; Qu'il y a beaucoup de Parroisses qui ne pourroient fournir des Gens de pied, ordonnez estre levez en chacune d'icelles par
l'Arrest du cinquiesme de ce mois; L A D I T E C O V R, A ordonné &
ordonne, que les Parroisses qui ne pourront fournir lesdits Gens de
pied, seront tenus payer la somme de cinquante liures, pour & au lieu
de chacun homme de pied, entant que celles imposées l'année derniere aux Tailles iusques à la somme de cinq cens liures; Et pour les autres
imposées à la somme de mil liures, la somme de cent liures au lieu de
deux hommes de pied; Et les autres estans imposées à plus ou moins
que lesdites sommes, à proportion: Et à cette fin, Ordonne que dans
trois iours apres l'arriuée du porteur des Ordres & Commissions dudit
Seigneur Duc de Longueville, en la Ville où est le Siege de chacune
Election, les Esleus seront tenus de faire fournir par les Parroisses chacun endroit soy, ou les hommes ou lesdites sommes: A ce faire seront

les Collecteurs & Habitans contraints par les voyes portées par la Declaration du Roy du vingt-deuxiesme Octobre dernier, dont lesdits Esleus dresseront certificat contenant le nom des Parroisses qui auront fourny lesdits hommes, & de celles qui auront payé lesdites sommes au defaut desdits hommes, lequel ils enuoyeront audit Seigneur Duc, huictaine apres; Et ordonne que les deniers que lesdites Parroisses payeront, seront receus par les Receueurs des Tailles de chacune Election, ou Commis à la Recepte d'icelles, dont lesdits Receueurs & Commis donneront Quittances ausdites Parroisses, pour leur estre lesdites sommes, ou le nombre d'hommes qu'elles fourniront, desduits & rabatus sur les premiers deniers de leurs Tailles, Taillon & Subsistances : Et seront lesdits deniers payez par lesdits Receueurs, suiuant les Ordonnances signées dudit Seigneur Duc, & visées par les Deputez des Compagnies de cette Ville, en vertu desquelles ils en demeureront bien & valablement déchargez. Faict à Roüen en ladite Cour de Parlement, les Chambres assemblées, le 22. iour de Fevrier 1649.
Signé,   VAIGNON.

ARREST DONNE' LES CHAMBRES
assemblées, le Dimanche dernier iour de Fevrier mil six cens quarante-neuf.

CE iour, la Cour toutes les Chambres assemblées, ayant deliberé sur le recit fait le iour d'hier par Monsieur le Premier President, de ce qui s'est passé à S. Germain en Laye, en la Deputation faite vers le Roy & la Reyne Regente, en execution de l'Arresté du 19. de ce mois & an, & de la proposition faite de tenir vne Conference, pour aduiser a ce qui est necessaire pour le bien de la Paix generale, & soulagement des Peuples: Et oüy sur ce les Gens du Roy, A ARRESTE' & ordonné, que ladite Conference sera tenuë en lieu seur, tel qu'il plaira au Roy & à la Reyne Regente. Qu'à cette fin y assisteront quatre Presidens de ladite Cour, vn ou deux des Generaux, deux Conseillers de la Grand'Chambre, vn Conseiller de chacune Chambre des Enquestes, & vn des Requestes, comme aussi vn Maistre des Requestes, Deux de chacune des Compagnies Souueraines de cette Ville, Et le Preuost des Marchands, ou en son absence l'vn des Escheuins, Lesquels aurôt plein pouuoir de traiter & resoudre ce qu'ils iugeront par leur prudence, & qui sera trouué plus propre, vtile & conuenable pour le bien de l'Estat, soulagement des Peuples, & particulierement de la Ville de Paris, authorité des Compagnies, & conseruation des interests de ceux qui ont tesmoigné fidelité & affection en cette occasion si importante, dont sera donné aduis au Sieur Duc de Longueville, ausdites Compagnies Souueraines de Paris, aux Deputez des Parlemens de Roüen & d'Aix en

Prouence, & aufdits Preuoſt des Marchands & Eſcheuins: Et feront les Gens du Roy députez, pour aller vers ledit Seigneur Roy & ladite Dame Reyne Regente, pour leur faire entendre le preſent Arreſté, & les ſupplier de la part de ladite Cour, Que ſuiuant la parole donnée, les paſſages ſoient ouuerts pour la liberté des choſes neceſſaires en cette Ville, Et ont eſté deputez Meſſieurs les premier Preſident, de Meſmes ſecond Preſident, le Cogneux & de Nemont, auſſi Preſidens: De Longueil & Menardeau, Conſeillers de la Grand' Chambre; De la Nauue, le Cocq, Bitault, P. Viole & Palluau, des Enqueſtes, Et le Févre des Requeſtes.

Du Lundy premier iour de Mars mil ſix cens quarante-neuf.

CE iour, la Cour toutes les Chambres aſſemblées, Maiſtre Guillaume Briſſonnet, Conſeiller & Maiſtre des Requeſtes, a eſté deputé pour l'execution de l'Arreſté du iour d'hier.

Signé,   DV TILLET.

Ordonnance de Meſſieurs les Preuoſt des Marchands & Eſcheuins de la Ville de Paris pour le Pain.

Du premier Mars 1649.

SVR la plainte à nous faite au Bureau de la Ville par les Habitans des Fauxbougs de cette Ville, au preiudice & contrauention de nos Ordonnances precedentes, portant inionction aux Boullangers & Patiſſiers de cette Ville & deſdits Faux-bourgs de faire des pains de deux & trois liures, leſdits Boullangers & Patiſſiers n'expoſent en vente que des pains de cinq & ſix liures, & autres plus peſans, dont les pauures gens n'ont moyen de ſe fournir. Requerant y eſtre pourueu. Novs, faiſant droict ſur ladite plainte & requiſitoire, Avons conformement à noſdites Ordonnances, Enioint aux Boullangers & Patiſſiers deſdits Fauxbourgs de faire doreſnauant des pains dudit poids de deux & trois liures ſeulement, afin que les pauures gens en puiſſent achepter pour leur ſubſiſtance. Faiſons deffences auſdits Boullangers & Patiſſiers de faire & cuir des pains de plus graed poids, à peine de la vie. Ce qui ſera publié & affiché dans leſdits Faux-bourgs & par tout ailleurs où beſoin ſera, à ce qu'aucun n'en ignore. Fait au Bureau de la Ville le premier iour de Mars 1649.

Signé,   LE MAIRE.

Ordonnance

ORDONNANCE DE POLICE

par laquelle il est enjoint à tous les Boulangers, tant de gros que petit pain, d'y mettre leur marque, & le nombre de livres qu'il pesera: comme aussi il leur est fait defenses de vendre la livre à plus haut prix qu'il est porté par la presente Ordonnance, sur les peines y mentionnées. Du 6. jour de Mars 1642.

SVr ce qui nous a esté remonstré par le Procureur du Roy, Qu'il est arrivé quantité de bled & farine en cette ville de Paris, par la riviere; & que le bled froment se donne aux Boulangers à quinze livres le meilleur, le medium à douze livres, & le seigle à neuf, qui sont prix mediocres, & sur lesquels il est necessaire d'apporter vne moderation à la vente du pain, à proportion de chacun desdits prix; & à cette fin que le pain soit distribué au poids: pour cognoistre lequel poids, les Boulangers de gros & petit pain seront tenus de mettre leur marque, & le nombre des livres qu'il pesera soit bien escrité. NOVs ayant esgard à ladite Remonstrance, ordonnons que les Boulangers, tant de gros que petit pain que pourront vendre le pain prouenant des bleds conduits par la riviere, sçauoir le gros pain le plus blanc, qu'à raison de deux sols la livre; le pain bis-blanc dix-huict deniers la livre; & le pain des Padures, sur sols la livre. Sur lesquels pains leur enjoignons de mettre leur marque & le poids. DEfenses à eux de contreuenir à nostre presente Ordonnance, à peine de quatre cens livres d'amende, & de punition corporelle, s'il y échet. Enjoignons au surplus aux Boulangers de petit pain, de garder & obseruer l'Ordonnance, sur les mesmes peines. Enjoint aux Commissaires du Chastelet, d'y tenir la main, & de nous faire rapport par chacun iour des contrauenans à la presente Ordonnance. FAIT par nous Messire DALYX DAVBRAY, Conseiller du Roy, Lieutenant Ciuil au Chastelet de Paris, le 6. iour de Mars 1642.

Signé, DAVBRAY; BONNEAV.

H V B A R T, Greffier.

ARREST DE LA COVR DE PARLEMENT,

*portant defenses à tous Gentils-hommes & autres, de faire au-
cune leuée de gens de guerre dans les Prouinces, qu'en vertu de
Commissions du Roy, & Attaches de ladite Cour sur icelles, à
peine de la vie, & d'estre degradez de Noblesse, Et à tous Receueurs & Comptables, de deliurer aucuns deniers, ny s'en dessaisir que par ordre de ladite Cour, à peine du quadruple : Et en
cas de contrauention, enjoint aux Communes de s'assembler
son de tocsin & leur courir sus.*

Du 9. de Mars 1649.

SVr ce qu'il a esté remonstré par le Procureur General du Roy,
Qu'il a esté reduis que le Cardinal Mazarin abusant de l'authorité
du Roy a fait donner des Commissions à plusieurs particuliers, pour de transporter dans les Prouinces pour leuer des trouppes, & pour receuoir en vertu des Ordonnances du sieur Mareschal de la Meilleraye, des Receptes generales & particulieres, les
deniers qui se trouueront, pour estre employez à la leuée desdites troupes, & eux à auoir aux sieurs de Courcelles, Gallerandes, Lauerdin
& d'Amilly és Prouinces d'Anjou, du Mayne & du Perche. Et d'autant que par Arrest de ladite Cour du dix neufiesme Ianuier dernier,
il a esté ordonné que pour les deniers qui se recouureroient deubs par les
Fermiers & Comptables, seroient apportez en cette Ville, pour estre
employez ainsi qu'il appartiendroit, auec defenses à tous lesdits Fermiers & Comptables de payer aucune chose que par ordre de ladite Cour. Et d'autant que ladite Cour est bien informée que la leuée
desdites trouppes se fait contre le seruice du Roy & du public, auroit
requis estre dit ce pourquoy la matiere mise en deliberation ; La
Cour, toutes les Chambres assemblées A fait & fait tres-expresses
inhibitions & defenses aux sieurs de Courcelles, Gallerandes, Lauerdin, d'Amilly & tous autres, de quelque qualité & condition qu'ils
soient, de faire aucune leuée de gens de guerre, qu'en vertu de
Commissions du Roy, & Attaches de ladite Cour sur icelles, Et à
tous Gentils-hommes & autres, de prendre employ sous eux, ny
de s'enrooller, à peine de la vie, & d'estre degradez de Noblesse,
eux & leur posterité ; & à tous les Receueurs & Comptables, de
leur deliurer aucuns deniers, ny de s'en dessaisir que par ordre de
ladite Cour, à peine de repetition du quadruple contr'eux, leurs
enfans & successeurs : Et en cas de contrauention par lesdits de
Courcelles, Gallerande, Lauerdin, d'Amilly & tous autres, Enjoint

aux Communes de s'assembler à son de tocsin & leur courir sus, &
aux trouppes qu'ils auroient leuées. Enjoint pareillement aux Substituts du Procureur General, de faire saisir & annoter leurs biens;
aux Preuosts des Mareschaux, & à tous Officiers du Roy, tenir la
main à l'execution du present Arrest : lequel sera, à la diligence desdits Substituts, leu en tous les Bailliages & Seneschaussées, publié à
son de trompe, & affiché par tous les carrefours des Villes du ressort
de ladite Cour, & signifié ausdits Receueurs & Comptables, & publié par trois Dimanches au Prosne de la Messe Parochiale de tous les
Villages dudit ressort : Et à cette fin seront, à la diligence dudit Procureur General du Roy, copies d'iceluy enuoyées à ses Substituts,
lesquels certifieront la Cour auoir ce fait au mois, à peine d'en respondre en leur propre & priué nom. Et sera le present Arrest executé en vertu de l'extraict d'iceluy, Faict en Parlement le neufiesme
Mars 1649.

Signé, DV TILLET.

ARREST DE LA COVR DE PARLEMENT,

*portant que tous ceux qui sont compris és Rolles de moderations
pour l'armement & subsistance des Gens de guerre, demeureront
descheus desdites moderations, & seront contraincts de payer leurs
taxes par emprisonnement de leurs personnes, & les autres particuliers y desnommez, contraincts par la vente de leurs biens.*

Du 10. Mars 1649.

LA Cour toutes les Chambres assemblées, après auoir veu les
Roolles des taxes faites par les Deputez des Compagnies
Souueraines de cette Ville, pour le payement des frais de
l'armement, & subsistance des Gens de guerre de cette dite Ville,
mesmes le Roolle des moderations faites d'aucunes desdites taxes,
ensemble les Exploicts de signification faits aux particuliers Habitans
de cette Ville & Faux-bourgs de Paris, y desnommez : Ouy le rapport des Conseillers commis, qui ont esté par les maisons ; A ordonné
& ordonne, Que tous ceux qui sont compris esdits Roolles de moderations, demeureront descheus desdites moderations, & seront contraincts par prison payer les premieres sommes ausquelles ils ont esté
taxez pour ledit armement, & pour la subsistance des mois de Feurier
& du present mois de Mars : Comme aussi seront tous les autres particuliers desnommez esdits Roolles, & qui n'ont esté moderez, con-

traints par saisie & vente de leurs biens, payer leurs taxes dudit armement, & subsistance desdits deux mois, conformément aux contrain-
tes portées par les Ordonnances desdites Commissaires. Faict en Parlement le 10. Mars 1649.

Signé , DV TILLET.

ARREST DE LA COVR DE PARLEMENT,
donné en faueur des Habitans de la Ville de Rheims.
Contre le Cardinal Mazarin , le Marquis de la
Vieuuille , & leurs adherans.

Du 11. Mars 1649.

VEV par la Cour toutes les Chambres assemblées, la requeste
presentée par François Roland Marchand Bourgeois de la ville
de Rheims tant pour luy que se faisant & portant fort de plusieurs autres habitans de ladite Ville au nombre de plus de trois mille,
contenant que le Lundy premier Mars dernier seroit arriué en ladite
Ville de Rheims vn courier portant plusieurs pacquets de la cour ad-
dressans aux Magistrats tant dudit Rheims qu'autres villes de la Prouince de Champagne pour le restablissement des Postes, lequel Courier ne seroit si tost entré en ladite ville, qu'il auroit esté arresté par le
commandement du Marquis de la Vieuuille fils, soy disant Lieutenant pour le Roy au Gouuernement de ladite Prouince de Champagne, sa malle & pacquet saisis, & sa personne menacée du gibet par
ledit Marquis de la Vieuuille, nonobstant qu'il fut porteur d'vn passe-
port du sieur Prince de Conty Gouuerneur de ladite Prouince de
Champagne, ce qui ayant obligé ledit Courier de se plaindre du
mauuais traittement qui luy auroit esté fait, & du mespris de l'authorité de la Cour, & dudit sieur Prince de Conty mesme de crier haut-
tement dans la ruë, le peuple se seroit assemblé à sa clameur, & en
ayant apris le sujet, auroit supplié ledit Marquis de la Vieuuille de
rendre audit Courier lesdits pacquets, ce que n'ayant voulu faire, ledit peuple irrité de l'injure faite audit Courier, se seroit saisi de la
personne dudit Marquis de la Vieuuille, & l'auroit à main forte chassé
hors dudit Rheims, & quoy que ledit peuple n'ait fait autre chose que
ce qu'il a creu estre obligé par le zele qu'il a au seruice du Roy, &
l'obeïssance qu'il doit aux Arrests de la Cour, qui ne luy permettoient
pas de souffrir plus long-temps le commandement d'vn homme, qui
est la creature de celuy qui est declaré ennemy de l'Estat, & perturbateur du repos public: Neantmoins aucuns des principaux Magistrat

de ladits

de ladite Ville de Rheims, preferans quelque interest ou esperance particuliere, au service du Roy, à l'obligation du serment qu'ils ont fait en la Cour, & à l'amour de la patrie & de leurs Concitoyens ont enuoyé à S. Germain les noms des principaux dudit peuple qui ont assisté à l'expulsion dudit Marquis de la Vieuuille pour auoir commission de leur faire leur procez souuerainement & en dernier ressort, & entr'autres celuy dudit Roland & des autres Supplians. Ce qui a obligé ledit Roland de se retirer en cette Ville pour demander à la Cour sa protection, tant pour luy que lesdits autres Supplians, requerans estre receus appellans de toute la procedure qui pourroit auoir esté faite contre eux & tous autres, tenus pour bien releuez: ordonner que sur ledit appel les parties procederont en la Cour. Cependant que deffenses fussent faites aux Lieutenant General, Ciuil & Criminel, du Bailly de Vermandois, à Rheims & autres Officiers, au sieur Marquis de Rothelin Gouuerneur de ladite Ville, Maire ou Lieutenant des Habitans & Escheuins de ladite Ville de Rheims, & à tous autres Iuges & Magistrats de quelque qualité & condition qu'ils puissent estre, d'attenter à la personne & biens desdits Supplians, & autres Habitans d'icelle Ville de Rheims, pour raison & sous pretexte de ce qui s'est passé contre ledit Marquis de la Vieuuille, à peine de la vie. Qu'il leur fut enjoint de faire apporter incessamment au Greffe de la Cour, en laquelle lesdits Supplians offrent de se representer toutes & quantes-fois qu'ils en seront requis, les informations qu'ils pourroient auoir faites pour raison de ce, si aucunes auoient esté faites: & de faire publier l'Arrest de la Cour contre le Cardinal Mazarin, & tous autres Arrests d'icelle Cour à son de trompe par les Carrefours de ladite Ville de Rheims, sur mesme peine de la vie, sinon qu'il fust permis aux Supplians de les publier & faire publier. Veu aussi les pieces attachées à ladite Requeste, Conclusions du Procureur General du Roy. Tout consideré: Ladite Cour a receu & reçoit ledit Suppliant audit nom appellant, l'a tenu pour bien releué: ordonne que sur l'appel les parties auront audience au premier iour, seront les informations apportées au Greffe Criminel d'icelle, à ce faire les Greffiers contraints par corps. Cependant fait deffences ausdits Lieutenant General Ciuil & Criminel de Rheims, Marquis de Rothelin Gouuerneur & tous autres Officiers de passer outre, & d'attenter à la personne & biens dudit Suppliant & autres Habitans de ladite Ville, pour raison de ce qui s'est passé à l'encontre dudit Marquis de la Vieuuille à peine de la vie: Enjoint aussi ausdits Officiers faire publier l'Arrest d'icelle donné contre ledit Cardinal Mazarin, & tous autres Arrests qui leur ont esté & seront cy-apres enuoyez, sinon permet ausdits Habitans les faire incessamment publier, à ce qu'aucun n'en ignore, Et sera le present Arrest publié & executé par vertu de l'Extraict d'iceluy, par le premier Huissier ou Sergent Royal sur ce requis. Faict en Parlement le 11. iour de Mars 1649.   Ainsi signé, RADIGVES.

X

ARREST DE LA COVR DE PARLEMENT,

*portant nouuelle police pour la distribution publique des Pain,
Bleds & Farines en cette Ville & Faux-bourgs de Paris, auec
pouuoir à tous Marchands Forains & autres, d'y en amener, &
les vendre à tel prix qu'ils conuiendront auec les Achepteurs.*

Du 11. Mars 1649.

SVr ce qui a esté remonstré par le Procureur General du Roy,
Que depuis peu les Marchands Forains qui apportoient en cette
ville des bleds & farines, mesmes du pain, ont cessé de ce faire
sous pretexte de la Taxe faire aux bleds & farines qui sont entrez ve-
nans de Corbeil, ce qui causeroit vne disette éuidente, au grand prejudice du Public : Outre que les Boulangers tant de gros que petit
pain, cuisent la plus part des farines qu'ils ont en pain blanc, qu'ils
vendent cherement, en sorte que les Pauures n'en ont à suffisance ; ce
qui causeroit vn desordre s'il n'y estoit pourueu ; La Cour toutes les
Chambres assemblées, a permis & permet à tous Marchands Forains
& autres, d'amener en cette Ville bled, farines & pain, en telle quantité qu'ils voudront, lesquels ils debiteront & vendront à tels prix &
conditions dont ils conuiendront auec les Achepteurs : Seront tenus
les Boulangers tant de petit que de gros pain & Paticiers de cette Ville
& Faux-bourgs, de cuire tout le bled qu'ils auront d'oresnauant en
pain bis ou tout sera , hors le gros son , de diuers poids ; Sçauoir les
Boulangers de petit pain d'vne ou deux liures, & ceux de gros pain depuis vne iusques à six liures, defense à eux d'en cuire d'autre façon ny
de plus blanc, à peine de cent liures d'amende & de confiscation : Et
afin que le Peuple tire soulagement des bleds & farines qui arriuent
iournellement, Ordonne ladite Cour qu'ils seront menez à la Halle,
pour estre distribuez aux Boulangers & Paticiers à grande mesure, &
au Peuple à petite mesure : Et à ce que le present Arrest soit executé
selon sa forme & teneur, A ladite Cour pour l'execution d'iceluy,
commis & commet Maistre Isaac de Laffemas,
Canaye,   de Machault, & Thierry Char-
pentier, lesquels se transporteront de iour à iour à la Halle, pour estre
presens & tenir controolle de ce qui sera deliuré : defenses à toutes
personnes de quelque qualité & condition qu'ils soient, d'empescher
directement ou indirectement le transport desdits bleds à la Halle , ny
de piller les charettes, a peine de la vie : Enjoint à tous Bourgeois de
l'empescher & courir sus à ceux qui voudront ce faire. Et sera le present Arrest, à la diligence du Procureur General, leu, publié & affiché

tant en cette Ville de Paris que lieux circonuoisins, à ce que nul n'en pretende cause d'ignorance; Enjoint au Lieutenant Ciuil & aux Officiers de Police tenir la main à l'execution du present Arrest, à peine d'en respondre en leurs propres & priuez noms. Fait en Parlement le vnziesme Mars 1649.

Signé,   DV TILLET.

ORDONNANCE DE MESSIEVRS LES PREVOST
des Marchands & Escheuins de la Ville de Paris.
pour les passeports Generaux.
Du 13. Mars 1649.

IL est faict deffences à toutes personnes de quelque qualité & condition qu'elles soient, attendu la suspension d'armes qui est entre les armées qui sont à present sur pied, de faire violence quelconques à ceux qui yront & viendront par cette Ville de l'vn & de l'autre party, leur laissant la liberté d'aller & venir pour leurs affaires, à peine de la vie. Mandons à cette fin aux Capitaines & Gardes des portes de ladite Ville & Faux bourgs d'icelle, & tous autres, de laisser librement entrer tous ceux qui se presenteront, & les aduertir qu'ils ne pourront sortir que par la mesme porte par laquelle ils seront entrez; Ausquels à cette fin sera baillé vn Billet par le Commandant qu'ils seront obligez de representer à leur sortie, Lesquels nous deffendons d'estre foüillez ny faire aucun autre empeschement ny resistance sur les mesmes peines. Ce qui sera publié & affiché à son de Trompe & cry public, à ce qu'aucun n'en pretende cause d'ignorance. Faict au Bureau de la Ville le treiziesme Mars 1649.

Signé,   LE MAIRE.

ORDONNANCE DE MESSIEVRS LES PREVOST
des Marchands & Escheuins de la Ville de Paris.

IL est enjoint à tous Officiers & Soldats tant de chenal que de pied de l'armée leuée pour le seruice du Roy & de la Ville, qui sont de present en cette Ville, de se retirer incessamment dans leurs quartiers, auec deffences de desamparer, & aux Bourgeois & Habitans d'icelle Ville de loger ny receuoir lesdits Soldats sous quelque pretexte que ce puisse estre, à peine de la Vie : Comme aussi deffendons à toutes personnes de transporter aucunes poudres, mesches, plomb, & autres munitions de guerre hors cette-dite Ville, sans nostre permission, à peine de confiscation, & d'amende arbitraire, Mandons aux

Capitaines & Gardes des portes de cette Ville de tenir la main à l'execution des presentes, lesquelles seront publiées à son de Trompe & cry public, & affichées par tout où il appartiendra, à ce qu'aucun n'en ignore. Faict au Bureau de la Ville le quinziesme Mars 1649.

Signé , LE MAIRE.

ORDONNANCE DE MESSIEVRS LES PREVOST
des Marchands & Escheuins de la Ville de Paris.

Du 16. Mars 1649.

IL est enjoint aux Capitaines & Gardes des portes de cette Ville de laisser entrer par icelles toutes les personnes qui s'y presenteront, leurs armes & bagages. Comme aussi toutes sortes de prouisions de bouche, ensemble les carrosses, chariots, charrettes & cheuaux, auec deffenses de laisser sortir aucunes personnes en carrosses & à cheual, ny transporter armes, poudres, mesches, plomb, & autres munitions de guerre, sans auoir Passeport de Nous, seulement pourront-ils laisser sortir les gens de pied, charriots & charrettes vuides, & prendre garde à ce qu'il ne soit contreuenu à ce que dessus. Ce qui sera affiché ausdites portes, à ce qu'aucun n'en pretende cause d'ignorance. Fait au Bureau de la Ville le seiziesme Mars 1649.

Signé , LE MAIRE.

ORDONNANCE DE MESSIEVRS LES PREVOST
des Marchands & Escheuins de la Ville de Paris.

Du 18. Mars 1649.

IL est faict deffences à toutes personnes de quelque qualité & condition qu'elles soient, attendu la suspension d'armes qui est entre les armées qui sont à present sur pied, de faire violence quelconque à ceux qui yront & viendront par cette Ville de l'vn & de l'autre party, leur laissant la liberté d'aller & venir pour leurs affaires, à peine de la vie. Mandons à cette fin aux Capitaines & Gardes des Portes de ladite Ville & Faux-bourgs d'icelle, & tous autres de laisser librement entrer tous ceux qui se presenteront, & les aduertir qu'ils ne pourront sortir que par la mesme porte par laquelle ils sont entrez : Ausquels à cette fin sera baillé vn Billet par le Commandant qu'ils

seront

seront obligez [...] ce present ordre de[...] sortie qu'ils pourront emporter aucunes munitions de guerre, mais seulement les hardes à leur vsage qui leur [...] à [...] neantmoins que lesdicts Capitaines & Gardes puissent laisser sortir aucun carrosse, chariot ou charrette chargée sans Passeport expres de Nous. Et sera le present Ordre obserué, nonobstant tous autres commandemens au contraire donnez. Ce qui sera affiché ausdites portes & ailleurs où besoin sera, à ce qu'aucun n'en ignore. Faict au Bureau de la Ville le dix-huictiesme Mars mil six cens quarante-neuf.

Signé, LE MAIRE.

ORDONNANCE DE MESSIEVRS LES
Preuost des Marchands & Escheuins de la
Ville de Paris.

Du 19. Mars 1649.

IL est ordonné aux Capitaines & Gardes des Portes de cette Ville, de laisser sortir par icelles tous Caualiers, Soldats & autres personnes tant à pied qu'à cheual qui sont venus en cette dite Ville pendant la Tréue & suspension d'armes, & sur la bonne foy des articles accordez à la Conference de Ruel, auec leurs armes & hardes qui seront à leur vsage, apres les auoir veu & visitée, à ce qu'il n'y ait poudre, mesche, plomb, ny autres munitions de guerre, ainsi qu'il est porté par nostre Ordonnance du iour d'hier, laquelle au surplus vouloient estre exécutée selon la forme & teneur. Fait au Bureau de la Ville le 19. iour de Mars 1649.

Signé, LE MAIRE.

ORDONNANCE DV ROY.

SVR ce qui a esté representé à sa Majesté de la part des Preuost des Marchands & Escheuins de la bonne Ville de Paris, qu'au preiudice de ce qui leur a esté accordé par sa Majesté, aucunes des Villes estans sur les riuieres de Marne & de Seyne, & autres lieux, d'où il peut venir des bleds à Paris, ont fait difficulté d'en laisser sortir desdites Villes & lieux, pour n'auoir pas receu d'ordre de sa Majesté sur ce sujet; Et voulant y pourueoir. SA MAIESTE par l'auis de la Reyne Regente sa Mere : A ordonné & ordonne que les bleds & toutes sortes de grains, vins, & autres viures & denrées quelcon-

Y

ques seront tirées & transportées de toutes parts, & passeront en toute
liberté & seureté en ladite Ville de Paris, tant par eaux que par terre,
Et que le Commerce de toutes Marchandises y sera entierement libre
& restably, tout ainsi qu'il estoit auant le present mouuement. Man-
dant sa Majesté aux Gouuerneurs & ses Lieutenans Generaux en ses
Prouinces & armées, Mareschaux de Camp, ayans commandement
sur ses Troupes, Gouuerneurs particuliers de ses Villes, Maires, &
Escheuins d'icelles, & tous les Officiers qu'il appartiendra, de tenir la
main à l'execution de la presente : & de la faire publier en toutes les
Villes & lieux que besoin sera, à ce qu'aucun n'en pretende cause d'i-
gnorance. Faict à sainct Germain en Laye le vingtiesme iour de
Mars 1649. Signé LOVYS, Et plus bas, LE TELLIER.

ORDONNANCE DE MESSIEVRS LES
Preuost des Marchands & Escheuins de la
Ville de Paris.

MONSIEVR Colonel, nous vous
prions de faire exactement garder la liberté de la suspension
d'armes aux portes où vous commandez, à ce que pendant
qu'elle durera tous gens de pied & de cheual puissent aller & venir auec
leurs cheuaux, armes & bagages, mesmes ceux qui ont entré en carrosses, les laisser sortir dans lesdits carrosses, & prendre garde seulement dans les charriots, charrettes, cheuaux ou mullets chargez qu'il
n'y ayt aucune pouldre, mesche, ny autre munitions de guerre, & que
tous ceux qui entreront d'oresnauant soient aduertis de ne repasser par
autre porte que celle par laquelle ils seront entrez, & en tenir memoire, ensemble de l'equipage qu'ils auront, à ce qu'ils n'en puissent faire
sortir dauantage : Comme aussi faire deffences aux Capitaines des
Faux-bourgs d'arrester ny foüiller les hardes de ceux qui entrent, ny
empescher de sortir celles qui auront esté veües à la porte de la Ville, à
peine d'en respondre en leur propre & priuez noms. Vous ne ferez
pareillement difficulté de laisser passer les charrettes, chariots & cheuaux qui sortent la Ville à vuide pour aller querir des prouisions
affin que le present Mandement soit dautant mieux obserué, vous ferez assembler les Officiers de vostre Colonelle chez vous, pour leur
faire entendre de viue voix ce que vous sçauez estre de l'intention de
la Ville, suiuant le Resultat de ce matin, Vous priant n'y vouloir faillir.
Faict au Bureau de la Ville le 19. Mars 1649.

Signé, LE MAIRE.

DECLARATION FAITE EN PARLEMENT,
par Monseigneur le Prince de Conty, & Messieurs les Generaux, contre le Cardinal Mazarin.
Du 20. Mars 1649.

CE iour, la Cour toutes les Chambres assemblées, Monsieur le Prince de Conty a dit, Que luy & Messieurs les Generaux, declarent qu'ils n'ont donné les pretentions dont sont chargez leurs Deputez, que pour la necessité où ils se sont trouuez de chercher leur seureté, en ce que le Cardinal Mazarin demeure dans le Ministere: Ils protestent de renoncer à leurs interests particuliers dés le moment qu'il en sera exclus; Mais en cela, comme en toute autre chose, ils se soulmettent aux sentimens du Parlement, duquel ils protestent de ne se point des-vnir, Declarant qu'ils ne se sont iamais ioint à cette Compagnie que pour la Paix generale, le soulagement des Peuples, & la conseruation de la Ville de Paris, Que de ce il auoit esté dressé Memoire signé dudit Sieur Prince de Conty, lequel il a requis estre inseré & mis au Greffe; Ce qui a esté fait, & d'vn commun vœu, arresté qu'il sera deliuré autant du present Acte: Et a encores ledit Sieur Prince de Conty dit, que Monsieur le Duc de Longueville sera dans les mesmes sentimens. Faict en Parlement le 20. Mars 1649.

Signé,   DV TILLET.

ARREST DE LA COVR DE PARLEMENT,
sur l'aduis que Monseigneur le Prince de Conty a donné de l'entrée de l'Archiduc Leopold en France.

Du 22. Mars 1649.

CE iour, la Cour toutes les Chambres assemblées, le Sieur Coadiuteur à l'Archeuesché de Paris, a dit, Que Monsieur le Prince de Conty, qui est indisposé, l'auoit chargé de dire à la Cour, Que hier il receut nouuelle de l'Archiduc, qui luy mande, qu'estant entré en France il desire de leuer le soupçon que l'on pourroit prendre de sa marche, & faire connoistre à tout le Royaume, qu'il y vient chercher la Paix, & non pas faire la guerre, Pour cét effect, offre d'arrester ses armes, pourueu que la Reyne donne des Deputez pour terminer tous les differents des Couronnes, Que ledit Sieur Prince de Couty n'auoit pas iugé à propos de laisser passer cette occasion si glo-

rieuſe à la France, ſi importante & ſi fauorable à la Chreſtienté, Auoit
pour ce ſujet enuoyé aux Deputez de ſa part, ordre d'inſiſter ſur cette
Propoſition, Supplioit la Compagnie d'en conſiderer l'importance &
de donner le meſme ordre à ſes Deputez, Proteſtant de ne rien tant
deſirer au monde, & d'y ſacrifier tous les intereſts particuliers; Et ſi
l'Archiduc ſe vouloit preualoir de l'eſtat auquel ſe trouue preſentement la France, declare ledit Sieur Prince de Conty, qu'il eſt preſt de
rendre au Roy & au Public, tous les teſmoignages d'affection, de ſeruice & d'obeïſſance que doit vne perſonne de ſa naiſſance. Et ſur ce
oüy le Procureur General; La matiere miſe en deliberation; Ladite
Cour a arreſté, qu'il en ſera fait regiſtre, autant duquel ſera enuoyé
aux Deputez de ladite Cour eſtans à Sainct Germain, pour le faire
ſçauoir au Roy & à la Reyne, pour en diſpoſer ſelon ſa volonté. Faict
en Parlement le 22. Mars 1649.

Signé, DV TILLET.

ORDONNANCE DE MESSIEVRS LES
Preuoſt des Marchands & Eſcheuins de la Ville de Paris.

IL eſt ordonné à tous Marchands Voicturiers par eauë, gardes-
batteaux & tous autres qu'il appartiendra, de faire inceſſamment
oſter & enleuer les batteaux qui ſont à ſec & vuides dans la place
de Greue & autres lieux, qui empeſchent l'abord & le debit des marchandiſes : leur declarant qu'à faute de ce faire dans trois iours, & ledit
temps paſſé, que leſdits batteaux ſeront rompus aux deſpens de la
choſe. Ce qui ſera publié & affiché ſur leſdits Ports, à ce qu'aucun
n'en ignore. Faict au Bureau de la Ville le 26. Mars 1649.

Signé, LE MAIRE.

ORDONNANCE DE MESSIEVRS LES PREVOST
des Marchands & Eſcheuins de la Ville de Paris.

SVr ce qui Nous a eſté repreſenté par les Colonels, Capitaines &
Officiers, qui commandent les vns en l'abſence des autres à la
garde des Portes de cette Ville, des abus qui s'y commettent
par la trop grande liberté que ſe donnent les Bourgeois & Habitans
qui ſont obligez d'aller auſdites gardes, & y faire reſidance autant de temps que les Drappeaux de chaque Compagnie y ſont
poſez, & iuſques à ce qu'ils ſoient releuez, laiſſans leurs armes
auſdits Corps de garde auſſi toſt qu'ils les y ont poſées,

& ſans

& fans demander congé à ceux qui commandent , abandonnent le
Corps de garde, & s'en vont où bon leur femble , fans retourner iufques au lendemain qu'ils fçauent l'heure qu'on doit releuer icelles
gardes, en forte qu'il ne fe trouue le plus fouuent affez de perfonnes
durant la nuict aufdits Corps de gardes pour aller releuer les fentinel-
les , qui demeurent quelquefois des trois heures entieres en faction,
faute d'auoir des Soldats dequoy les pouuoir releuer , eftans d'ailleurs
fi peu dans l'obeïffance, qu'il s'en eft trouué qui ont efté fi teme-
raires, qu'ils ont leué les armes contre leurs Capitaines , Lieutenans
& Enfeignes , jurans & blafphemans le Nom de Dieu qu'ils ne leur
obeïroient pas. Ce qui eft directement contraire à l'vfage de tout
temps pratiqué à la garde defdites Portes; Requerant y eftre par Nous
pourueu, autrement qu'ils feroient neceffitez d'abandonner eux-
mefmes le feruice qu'ils y doiuent , non par faute d'affection & de
courage à la conferuation de cette grande Ville , mais par le peu
d'obeïffance qu'ils trouuent aux Bourgeois & Habitans qu'ils y con-
duifent : IL EST ORDONNE' aux Colonels , Capitaines ,
Lieutenans & Enfeignes de cette Ville de Paris , de continüer jour
& nuict la garde des Portes d'icelle , à peine d'en refpondre en leurs
propres & priuez noms; Et à cette fin enjoint à tous les Bourgeois &
Habitans de ladite Ville d'aller foigneufement à ladite garde , &
obeïr ponctuellement à leurs Officiers fuiuant nos Reiglemens precedens , auec defenfes de fortir ny defemparer ladite garde , pour
quelque caufe & occafion que ce foit , fans congé exprés de celuy
qui commandera , à peine pour la premiere fois de huict liures pa-
rifis d'amende; pour la feconde , d'eftre honteufement defarmé à la
tefte de la Compagnie comme infractaires , auec confifcation de fes
armes : & en cas de recidiue, feront punis comme deferteurs & gens
fans affection à la caufe publique. Ce qui fera affiché à toutes les
Portes & Corps de gardes de ladite Ville & Faux-bourgs de Paris,
Enuoyé aux Colonels de ladite Ville , & par eux à leurs Capitaines, qui
le feront publier au fon du Tambour , chacun en l'eftenduë de leurs
Compagnies, à ce qu'aucun n'en ignore. F A I T au Bureau de la Ville
le vingt-fixiéme iour de Mars mil fix cens quarante-neuf.

Signé , LEMAIRE.

ORDONNANCE DE MESSIEVRS
les Preuoft des Marchands & Efcheuins
de la Ville de Paris.

IL eft ordonné à tous Marchands Voituriers par eauë, Gardes-
batteaux , & autres perfonnes qui ont des batteaux fur les Ports

Z

& Quays de cette Ville, de les faire inceſſamment remonter à mont.
l'eauë pour charger des bleds & autres marchandiſes, afin de reſtablir
le Commerce ordinaire de cette Ville, ainſi qu'il eſtoit auparauant ces
mouuemens, ſuiuant l'Ordonnance du Roy du vingtieſme des preſens
mois & an, qui a eſté publiée & affichée ſur les Ports & Quays de ladite
Ville : Leur declarant qu'à faute de ce faire dans trois iours, & ledit
temps paſſé, ils y ſeront contraints par toutes voyes deües & raiſonna-
bles. ORDONNONS aux Maiſtres des Ponts de cette Ville & tous
autres qu'il appartiendra, de tenir la main à l'execution des preſentes, &
de nous aduertir au Bureau de la Ville du retardement qui y aura eſté
fait, pour y eſtre pourueu ſuiuant & au deſir des Vz & Couſtumes de la
Riuiere. PRIONS tous les Gardes des Ponts & paſſages de la Riuiere
de Seyne & autres affluantes en icelle, de laiſſer librement remonter les
traiéts de batteaux qui ſe feront en vertu de la preſente Ordonnance aux
lieux & endroits où ils ont accouſtumé de charger, & les laiſſer aualler
au deſſoubs deſdits Ponts & paſſages auec leurs Marchandiſes, ſuiuant
l'intention de ſa Majeſté, pour eſtre conduits en cette Ville pour la
prouiſion d'icelle ſans leur faire aucun détourbier ny empeſchement
quelconque. Ce qui ſera publié & affiché ſur les Ports & Quays de
cettedite Ville, à ce qu'aucun n'en ignore. Faiét au Bureau de la Ville
le vingt-huiétiéme iour de Mars 1649.   Signé, LEMAIRE.

LETTRE DV ROY, ENVOYEE
*à Meſſieurs les Preuoſt des Marchands & Eſcheuins
de la Ville de Paris, enſuitte des Articles accordées à Rüel
le 11. Mars 1649. pour la paix. Enſemble l'Ordonnance
du Roy pour la garde des Portes de ladite Ville &
Faux-bourgs de Paris.*

DE PAR LE ROY.

TRES-CHERS ET BIEN AMEZ, Le public a veu par les Articles ſignez à Rüel l'onziéme du preſent mois, ce qui a eſté
arreſté en noſtre nom auec les Deputez de la part de noſtre
Cour de Parlement, de noſtre Chambre des Comptes, Cour des Aydes,
& Corps de noſtre bonne Ville de Paris ayans plain pouuoir ; & comme
les intereſts generaux & particuliers de tous ceux qui ont pris part aux
affaires preſentes ont eſté conſiderez, & que ceux des Princes, Officiers
de la Couronne, & autres qui ont pris les armes depuis les preſens mouuemens ont eſté conſeruez. Il n'y a auſſi perſonne qui n'ait connu comme nous auons procedé auec vne entiere ſincerité à l'execution de toutes
les choſes qui ont eſté promiſes de noſtre part : Qu'auſſi-toſt apres la

signature defdits Articles, les paffages des viures à Paris ont efté ouuerts
de tous coftez, & mefme que fur ce qui nous a efté reprefenté de voftre
part qu'il y auoit quelque difficulté aux paffages des bleds par les riuieres de Seine & de Marne, Nous auons fait publier noftre Ordonnance
pour la liberté defdits paffages, & le reftabliffement de tout Commerce
en ladite Ville, où enfuitte l'on a reffenti l'abondance & la diminution
notable du prix de toutes denrées, dont nous auons receu beaucoup de
contentement: & il n'y a rien qui ait dependu de nous, que nous n'ayons
fait pour le bien commun des Habitans de noftredite Ville, fans auoir
voulu attendre l'effet des chofes qui nous auoient efté promifes, Nous
eftans contantez de fçauoir que noftre Cour de Parlement acceptoit le
Traité de Rüel, en renuoyant vers nous les mefmes Deputez qui eftoient
allez de fa part audit Rüel, auec charge de nous faire des remonftrances
pour obtenir de nous quelques modifications fur aucuns des Articles
dudit Traitté qui concernoient noftredite Cour: comme auffi pour nous
reprefenter ce qui touchoit lefdits Princes & les particuliers qui eftoient
compris audit Traitté, & apres auoir examiné lefdites remonftrances,
Nous auons bien voulu accorder à noftredite Cour tout ce qui a efté
faifable pour la fatisfaction d'icelle: & quant aux Princes & à ceux qui
les ont fuiuis, Nous leur auons auffi accordé tout ce que le bien de noftre
Eftat a pû comporter, fans fouffrir vn prejudice notable. Et comme
nous ne pouvons juger quels feront leurs fentimens, encores que nous
en voulions tousjours bien efperer; Neantmoins nous auons defiré vous
faire cette Lettre par l'avis de la Reyne Regente noftre tres-honorée
Dame & Mere, pour vous dire que noftre intention eft à l'égard de toutes les Compagnies Souveraines, & du Corps de Ville, comme auffi de
tous les Bourgeois & Habitans de Paris, que ledit Traitté de Rüel foit
pleinement & entierement executé, aux conditions que nous auons
depuis accordées aux Deputez de noftredite Cour de Parlement, quand
bien lefdits Princes & ceux de leur party ne s'y accommoderoient pas: &
que nous ne faifons demeurer nos troupes aux quartiers où elles font
prefentement par deçà, que pour oppofer à celles qui font fous le commandement defdits Princes; en forte qu'en demeurans armez ils ne
puiffent rien entreprendre contre noftre feruice: ayans refolu de faire
retirer nofdites troupes vers la frontiere au mefme inftant que celles-là
feront licenciées: ne defirans rien davantage que de foulager les Habitans de noftredite Ville, & de donner moyen à ceux de la campagne
qui ont beaucoup fouffert & fouffrent encor par le fejour des troupes, de
fe remettre dans leur labeur & repos ordinaires: A quoy nous vous exhortons de contribüer tout ce qui dependra de vous, & de prendre garde
que par l'artifice & pour des interefts particuliers le reftabliffement de
la tranquilité publique ne foit retardé ny empefché. C'eft ce que nous
vous difons par cette Lettre, vous affeurans tousjours de noftre bonne
volonté envers le general & les particuliers de noftredite Ville: & que
nous ne fouhaittons rien auec plus d'affection, que d'aprendre que tout

ſoit en eſtat que nous y puiſſions retourner faire noſtre ſejour ordinaire, comme par le paſſé. D o n n e' à S. Germain en Laye, le vingt-neuf Mars mil ſix cens quarante-neuf.   Signé, L O V I S : Et plus bas, D e G v e n e g a v d.   Et ſur la ſuſcription eſt eſcrit :

A Nos tres-chers & bien amez les Preuoſt des Marchands
& Eſcheuins de noſtre bonne Ville de Paris.

DE PAR LE ROY.

T res-chers et bien amez, Eſtimant que pour le bien de noſtre ſeruice & le reſtabliſſement de la tranquilité de noſtre bonne Ville de Paris, il eſt important que les Habitans d'icelle continüent à faire garde aux Portes; Nous voulons & vous mandons, par l'aduis de la Reyne Régente noſtre tres-honorée Dame & Mere, que vous ayez à donner les ordres neceſſaires pour la continüation de ladite garde, juſques à ce que les choſes eſtant entierement pacifiées, l'on la puiſſe leuer ſans qu'il en arriue aucun inconuenient : & la preſente n'eſtant pour autre fin, Nous ne vous la ferons plus longue ny plus expreſſe. Si n'y faites faute : C a r tel eſt noſtre plaiſir. D o n n e' à Sainct Germain en Laye le trentiéme iour de Mars mil ſix cens quarante-neuf. Signé, L O V I S : Et plus bas, D e G v e n e g a v d.
Et ſur la ſuſcription eſt eſcrit :

A Nos tres-chers & bien amez les Preuoſt des Marchands
& Eſcheuins de noſtre bonne Ville de Paris.

LETTRE DE CACHET DV ROY,
enuoyée à Noſſeigneurs des Comptes, concernant la Paix.

N OS amez feaux, les Deputez de voſtre Compagnie qui ont aſſiſté aux Conferences tenuës à Ruel pour faire ceſſer les preſens mouuemens, & qui ont ſigné les articles qui ont eſté arreſtez pour cét effet l'onziéme du preſent mois, vous auront donné vne entiere cognoiſſance de ce qui s'y eſt paſſé, & vous aurez bien recognu auec quelle ſincerité & ponctualité nous auons à l'inſtant meſme de la ſignature deſdits articles ſatisfait à toutes les choſes qui y ont eſté promiſes en noſtre nom, n'ayant rien plus à cœur que de conſeruer tous nos Subjets dans vne tranquillité parfaite ſous noſtre obeïſſance, & de promouuoir le reſtabliſſement de la Paix generale : Et bien que par leſdits articles il ait eſté pourueu à tout ce qui concerne le general & les particuliers qui pouuoient prendre intereſt en cette occaſion, neantmoins

moins noſtredite Cour de Parlement nous ayant renuoyé ces meſmes
Deputez qui eſtoient audit Ruel, pour en acceptant ledit Traitté nous
faire quelques Remonſtrances ſur ce qui regardoit noſtredite Cour, &
les intereſts des Princes, Ducs, Pairs, Officiers de la Couronne, &
autres qui ont pris les armes auec eux, Nous auons bien voulu accorder
à noſtredite Cour les choſes qu'elle nous a demandées; & à l'eſgard
deſdits Princes & de ceux qui les ont ſuiuis, Nous leur auons auſſi accordé tout ce qui eſt faiſable ſans apporter vn preiudice trop notable à
noſtre Eſtat. Surquoy nous auons fait expedier nos Lettres de Declaration de ce jourd'huy, leſquelles nous enuoyons preſentement à noſtredite Cour de Parlement, & dont nous vous adreſſerons le double au
premier iour, pour les faire executer en ce qui vous concerne; & quoy
que nous eſtimions bien que faiſant tout ce qui eſt raiſonnable & poſſible pour leſdits Princes, ils s'y accommoderont; toutesfois comme nous
n'auons point de certitude de leurs ſentimens ſur ce ſujet, Nous auons
bien voulu vous faire cette Lettre par l'aduis de la Reyne Regente noſtre
tres-honorée Dame & Mere, pour vous reſmoigner & aſſeurer que
noſtre reſolution eſt à l'eſgard de toutes les Compagnies Souueraines &
du Corps de noſtre bonne Ville de Paris, de continüer à faire pleinement
& entierement executer ledit Traitté de Ruel, quand bien leſdits Princes & ceux qui les ont ſuiuis n'en voudroient pas conuenir, & que nous
ferons retirer nos Troupes de tous les quartiers qu'elles occupent aux
environs de Paris au meſme inſtant que celles qui ſont ſous la charge
deſdits Princes ſeront licentiées, ne retenant les noſtres par deçà que
pour empeſcher qu'ils n'entreprennent aucune choſe contre noſtre ſeruice, & ne ſouhaitant rien auec plus d'affection que de voir la campagne libre & ſoulagée en toute maniere, ainſi que noſtre bonne Ville de
Paris dans l'abondance & le repos entier: à quoy nous vous exhortons
de trauailler & vous employer en tout ce qui dépendra de vous, ſelon
que vous iugerez aſſez qu'il conuient au bien public, & à celuy de noſtre
ſeruice. C'eſt pourquoy nous ne vous en ferons celle-cy plus expreſſe
ny plus longue, ſinon pour vous aſſeurer que vous ne ſçauriez faire
choſe qui nous ſoit plus agreable. DONNE' à Sainct Germain en Laye
le trentiéme Mars mil ſix cens quarante-neuf. Signé, LOVIS: Et
plus bas, DE GVENEGAVD. *Et au dos eſt eſcrit:* A nos amez &
feaux Conſeillers, les Gens tenans noſtre Chambre des Comptes de
Paris.

LETTRE DV ROY, ENVOYEE
à Meſſieurs de la Cour des Aydes de Paris:
Du trentiéme Mars 1649.

DE PAR LE ROY.

NOS amez & feaux, les Deputez de voſtre Compagnie qui ont aſſiſté aux Conferences de Ruel, pour faire ceſſer les preſens mouuemens, & qui ont ſigné les Articles qui ont eſté arreſtez pour ce ſujet l'onziéme du preſent mois, vous auront donné vne entiere cognoiſſance de ce qui s'y eſt paſſé, & vous aurez bien reconnu auec quelle ſincerité & ponctualité nous auons à l'inſtant meſme de la ſignature deſdits Articles ſatisfait à toutes les choſes qui ont eſté promiſes à noſtre nom, n'ayant rien plus à cœur que de conſeruer tous nos Sujets dans vne tranquillité parfaite ſous noſtre obeïſſance, & de promouuoir le reſtabliſſement de la Paix generale: Et bien que par leſdits Articles il ait eſté pourueu à tout ce qui concerne le general & les particuliers qui pouuoient prendre intereſt en cette occaſion; Neantmoins noſtre Cour de Parlement nous ayant renuoyé les meſmes Deputez qui eſtoient à Ruel, pour en acceptant ledit Traité, nous faire quelques remonſtrances ſur ce qui regardoit noſtredite Cour, & les intereſts des Princes, Ducs & Pairs, Officiers de la Couronne, & autres qui ont pris les armes auec eux, Nous auons bien voulu accorder à noſtredite Cour les choſes qu'elle nous a demandé: Et à l'eſgard deſdits Princes, & de ceux qui les ont ſuiuy, Nous leur auons auſſi accordé tout ce qui eſt faiſable, ſans apporter vn prejudice trop notable à noſtre Eſtat. Surquoy nous auons fait expedier nos Lettres de Declaration de ce jourd'huy, leſquelles nous enuoyons preſentement à noſtredite Cour de Parlement, & dont nous vous adreſſerons le double au premier iour, pour les faire executer en ce qui vous concerne. Et quoy que nous eſtimions bien que faiſant ce qui eſt raiſonnable & poſſible pour leſdits Princes, ils s'y accommoderont; Toutefois comme nous n'auons point de certitude de leurs ſentimens ſur ce ſujet, Nous auons bien voulu faire cette Lettre, par l'aduis de la Reyne Regente noſtre tres honorée Dame & Mere, pour vous teſmoigner & aſſeurer que noſtre reſolution eſt, à l'égard de toutes les Compagnies Souueraines, & de toute noſtre bonne Ville de Paris, de continüer à faire plainement & entierement executer ledit Traitté de Ruel, quand bien leſdits Princes, & ceux qui les ont ſuiuis n'en voudroient pas conuenir, & que nous ferons retirer toutes nos Troupes de tous les quartiers qu'elles occupent aux enuirons de Paris, au meſme inſtant que celles qui ſont ſous la charge des Princes ſeront licentiées, ne retenant les noſtres de par deçà, que pour empeſcher qu'ils n'entreprennent aucune chose contre noftre feruice: Et ne fouhaittant rien auec plus d'affection, que de voir la Campagne libre & foulagée en toute maniere, ainfi que noftre bonne Ville de Paris dans l'abondance & le repos entier: à quoy noüs vous exhortons de trauailler, & vous employer en tout ce qui dépendra de vous, felon que vous jugerez affez qu'il conuient au bien public, & à celuy de noftre feruice. C'eft pourquoy nous ne vous en ferons celle-cy plus expreffe ny plus longue, finon pour vous affeurer que vous ne fçauriez faire chofe qui nous foit plus agreable. Donné à Sainct Germain en Laye le trentiéme Mars mil fix cens quarante-neuf. Signé, LOVIS: Et plus bas, DE GVENEGAVD. *Et fur la fufcription eft efcrit:* A nos amez & feaux les Gens tenans noftre Cour des Aydes de Paris.

LETTRES DV ROY, ESCRITES
à Monfeigneur le Duc de Montbazon, Pair & Grand Veneur de France, Gouuerneur & Lieutenant general pour le Roy à Paris, & Ifle de France.

MON COVSIN, Le Public a veu par les Articles fignez à Ruel le vnziéme du prefent mois, ce qui a efté arrefté en mon nom auec les Deputez de la part de ma Cour de Parlement, de ma Chambre des Comptes, Cour des Aydes, & Corps de ma bonne Ville de Paris, ayans plein pouuoir; comme les interefts generaux & particuliers de tous ceux qui ont pris part aux affaires prefentes ont efté confiderez: Et que ceux des Princes, Officiers de la Couronne, & autres qui ont pris les armes depuis les prefens mouuemens ont efté conferuez. Il n'y a auffi perfonne qui n'ait cognu comme i'ay procedé auec vne entiere fincerité à l'execution de toutes les chofes qui ont efté promifes de ma part: Qu'auffi-toft apres la fignature defdits Articles, les paffages des viures à Paris ont efté ouuerts de tous coftez, & mefme que fur ce qui m'a efté reprefenté de la part du corps de ladite Ville, qu'il y auoit quelque difficulté aux paffages des bleds par les Riuieres de Marne & de Seine, i'ay fait publier mon Ordonnance pour la liberté defdits paffages, & le reftabliffement de tout commerce en ladite Ville; où en fuite l'on a reffenty l'abondance & la diminution notable du prix de toutes denrées, dont i'ay receu beaucoup de contentement: Et il n'y a rien qui ayt dépendu de moy que ie n'aye fait pour le bien commun de ladite Ville, fans auoir voulu attendre l'effect des chofes qui m'auoient efté promifes, m'eftant contenté de fçauoir que madite Cour de Parlement acceptoit le Traitté de Ruel, en renuoyant vers moy les mefmes Deputez qui eftoient allez de fa part audit Ruel, auec charge de me faire entendre des remonftrances pour obtenir de moy quelques modifications fur aucuns articles dudit Traitté qui concernoient noftredite Cour: Comme auffi pour me reprefenter ce qui touchoit lefdits Princes, & les particuliers qui eftoient compris audit Traitté, Et apres auoir examiné lefdites Remonftrances, l'ay bien voulu accorder à madite Cour tout ce qui a efté faifable pour fa fatisfaction: Et quant aux Princes & à ceux qui les ont fuiuis, je leur ay auffi accordé tout ce que le bien de mon Eftat a pû comporter, fans fouffrir vn prejudice notable. Et comme ie ne puis juger quels feront leurs fentimens, encores que i'en veuille tousjours bien efperer; Neantmoins i'ay defiré vous faire cette Lettre de l'aduis de la Reyne Regente, Madame ma mere, pour vous dire que mon intention eft, à l'égard de toutes les Compagnies Souueraines & du corps de Ville, comme auffi de tous les Bourgeois & Habitans de Paris, que ledit Traitté de Ruel foit plainement & entierement executé, aux conditions que i'ay depuis accordées aux Deputez de madite Cour de Parlement, quand bien lefdits Princes & ceux de leur party ne s'y accommoderoient pas : & que ie ne faits demeurer mes Troupes aux quartiers où elles font prefentement par deçà, que pour oppofer à celles qui font fous le commandement defdits Princes; en forte qu'en demeurans armez qu'ils ne puiffent rien entreprendre contre mon feruice: ayant refolu de faire retirer mes troupes vers la frontiere au mefme inftant que celles-là feront licentiées, ne defirant rien dauantage que de foulager les Habitans de madite Ville, & de donner moyen à ceux de la campagne qui ont beaucoup fouffert & fouffrent encores à prefent par le fejour des troupes, de fe remettre dans leur labeur & repos ordinaire : A quoy ie vous exhorte de contribuer tout ce qui dépendra de vous, & de prendre garde que par artifice & pour des interefts particuliers le reftabliffement de la tranquilité publique ne foit retardé ny empefché. Vous affeurant que ie ne fouhaite rien auec plus d'affection, que d'aprendre que tout foit en eftat que i'y puiffe retourner faire mon fejour ordinaire, comme par le paffé. Sur ce, je prie Dieu qu'il vous ait, Mon Covsin, en fa fainéte garde. Efcrit à Sainét Germain en Laye le vingt-neufiéme iour de Mars mil fix cens quarante-neuf. Signé, LOVIS : Et plus bas, De Gvenegavd.

AVTRE LETTRE.

MON COVSIN,
Eftimant que pour l'objet de mon feruice & le reftabliffement de la tranquilité de ma bonne Ville de Paris, il eft important que les Habitans d'icelle continüent à faire garde aux Portes; l'ay bien voulu vous faire cette Lettre, par l'aduis de la Reyne Regente, Madame ma Mere, pour vous dire que vous ayez à donner les ordres neceffaites pour la continüation de ladite garde, iufques à ce que les chofes eftant entierement pacifiées, l'on la puiffe leuer fans qu'il en arriue aucun incon-

venient

venient. Et la presente n'estant pour autre fin, ie prie Dieu qu'il vous ait, MON COVSIN, en sa saincte garde. Escrit à Sainct Germain en Laye le trentiéme iour de Mars 1649. Signé, LOVIS: Et plus bas, DE GVENEGAVD.

DECLARATION DV ROY, POVR
faire cesser les mouuemens, & restablir le Repos & la Tranquillité en son Royaume.

Verifiée en Parlement le premier Auril, Chambre des Comptes & Cour des Aydes, le troisiéme dudit mois d'Auril 1649.

LOVIS par la grace de Dieu Roy de France & de Nauarre, A tous presens & à venir, Salut. L'EXPERIENCE a fait assez connoistre que la France est invincible & redoutable à ses ennemis, lors qu'elle est parfaitement vnie en toutes ses parties, Et nous pouuons dire auec verité, que cette armonie si accomplie, a esté la vraye cause de la grandeur, où tant de conquestes & victoires sur l'Empire & l'Espagne l'ont portée. Ce qui nous oblige de veiller soigneusement à preuenir toutes les occasions qui pourroient alterer cette parfaite vnion, si necessaire pour maintenir les aduantages que nous auons eû sur nos ennemis, qui sont en si grand nombre, que l'on peut compter les années de nostre regne, par les signalées victoires que nous auons remportées sur eux. Ainsi preuoyant que la diuision qui a commencé à paroistre depuis peu, pourroit prendre des forces, & causer vne guerre ciuile, qui nous osteroit le moyen d'opposer puissamment nos armes aux entreprises de nos ennemis, afin de les obliger à consentir à la Paix, qui est la recompense la plus precieuse, & comme la couronne que nous nous sommes proposée de tous nos trauaux, laquelle nous desirons auec tant d'affection, que pour y paruenir nous n'auons rien obmis qui ayt pû conuenir à nostre dignité; faisant mesmes incessamment presser les Espagnols de nommer vn lieu sur nostre frontiere de deçà, pour y enuoyer des Deputez des deux Couronnes, auec plain pouuoir pour en traiter. Et ayant dés à present resolu de nommer entre ceux qui y seront enuoyez de nostre part, l'vn de nos Officiers de nostre Cour de Parlement de Paris, Nous auons iugé que pour obtenir vn bien si necessaire à cét Estat, il estoit à propos d'employer tous les remedes que la prudence & la bonté d'vn Prince peuuent apporter pour arrester

B.b

le cours d'vn mal preſent, & dés ſa naiſſance, afin que nos Officiers & Subjets puiſſent dans vne profonde & heureuſe tranquillité, jouïr des graces que nous leur auons ſi liberalement départies par noſtre Declaration du mois d'Octobre dernier, que nous voulons & entendons, enſemble les Declarations des mois de May & Iuillet derniers, verifiées audit Parlement, eſtre executées ſelon leur forme & teneur, ſinon en ce qu'il y auroit eſté dérogé par celle dudit mois d'Octobre, & ce qui regarde les emprunts que nous pourrons eſtre obligez de faire dans les neceſſitez preſentes de noſtre Eſtat, qui ſera obſerué ainſi qu'il ſera dit cy-deſſous : A CES CAVSES, Apres que noſtre Cour de Parlement & les Habitans de noſtre bonne Ville de Paris, nous ont rendu toutes les ſubmiſſions & obeïſſances que nous pouuions deſirer d'eux, auec les aſſeurances de leur fidelité à noſtre ſeruice : DE l'Aduis de la Reyne Regente noſtre tres-honorée Dame & Mere, de noſtre tres-cher & tres-amé Oncle le Duc d'Orleans, de noſtre tres-cher & tres-amé Couſin le Prince de Condé, & de noſtre certaine ſcience, plaine puiſſance & authorité Royale, NOVS AVONS dit & declaré, diſons & declarons par ces preſentes ſignées de noſtre main, Voulons & nous plaiſt, Que tous les Arreſts qui ont eſté donnez, Ordonnances, Commiſſions, decernées tant par noſtredite Cour de Parlement, Preuoſt des Marchands & Eſcheuins de noſtre bonne Ville de Paris, qu'autres generalement quelconques, Enſemble tous actes, traictez, meſmes les Lettres, eſcrits faits & expediez au ſujet des preſens mouuemens depuis le ſixiéme Ianuier dernier, juſques au iour de la preſente Declaration, demeurent nuls & comme non aduenus, ſans que perſonne en puiſſe eſtre cy apres recherché ny inquieté, ny auſſi que l'on s'en puiſſe aider contre qui que ce ſoit, ny preualoir au preiudice de noſtre ſeruice & du repos de l'Eſtat. Demeureront neantmoins en leur entier les Arreſts qui ont eſté rendus tant en matiere ciuile que criminelle entre les particuliers preſens, ou auec noſtre Procureur General pour affaires particulieres, Meſmes les adiudications par decret & receptions d'Officiers, comme auſſi ceux concernants nos Officiers de ladite Cour de la creation de l'an mil ſix cens trente-cinq.

II.

Demeureront auſſi nuls & comme non aduenus tous les Arreſts donnez en noſtre Conſeil, & les Declarations publiées en iceluy, & les Lettres de Cachet expediées ſur le ſujet des preſens mouuemens depuis le ſixiéme Ianuier dernier juſques au iour de la preſente Declaration : Et en conſequence ordonnons que la memoire ſoit eſteinte & aſſoupie de toutes les Vnions, Ligues & Aſſociations faites, & de tout ce qui pourroit auoir eſté fait, geré & negotié pour raiſon de ce, tant dedans que dehors noſtre Royaume à l'occaſion des preſens mouuemens ; Soit que ceux qui ont ſuiuy le party de ladite vnion ayent eu communication auec les Eſtrangers, qui leur ayent donné conſeil & facilité d'entrer en noſtre Eſtat, qu'ils ayent joint leurs armes ou pris commandement parmi eux,

& enjoint à nos Villes , Bourgs & Villages de leur ouurir les portes , les receuoir & leur donner des viures , & generalement toutes perſonnes de quelque qualité & condition qu'elles puiſſent eſtre , qui ont eu connoiſ-fance ou participation de telles & ſemblables negociations , ſoit que leſdites actions ayent eſté faites par les ordres de noſtre tres cher & tres-amé Couſin le Prince de Conty , ou par autres Princes , Ducs , Pairs , Officiers de noſtre Couronne , Prelats , Seigneurs , Gentilshommes , Officiers , Villes & Communautez , ſans que noſtredit Couſin le Prince de Conty ny les autres Princes , Ducs , Pairs , Officiers de noſtre Cou-ronne , Prelats , Seigneurs & Gentilshommes , Villes & Communautez , ny meſmes ceux qui pourroient auoir eſté employez auſdites negocia-tions , de quelque qualité & condition qu'ils puiſſent eſtre , Soient ores ny à l'aduenir recherchez ny inquietez pour raiſon de ce qui aura eſté par eux fait dans leſdites negociations , & pour les choſes commiſes dans les Armées & ailleurs en toutes les actions de la preſente guerre , ny pour les leuées de troupes , priſes de deniers publics & particuliers , enleue-ment & vente de meubles & vaiſſelle d'argent , canons , armes , munitions de guerre & de bouche , fors ce qui ſe trouuera en nature non encore vendu , Aſſemblées dans les Villes & à la Campagne , priſes & port d'armes , arreſts & empriſonnement de perſonnes , occupations de Villes , Chaſteaux , Paſſages & autres lieux forts , ſoit par ordre ou autrement. Et ce juſqu'au iour de la publication de noſtre preſente Declaration en noſtre Cour de Parlement de Paris , pour ceux qui ſont en noſtredite Ville & aux enuirons : Et pour les autres , trois iours apres la publication des preſentes faites aux Bailliages & Seneſchauſſées dans le reſſort deſ-quelles ils ſeront demeurans. Voulons auſſi & ordonnons que noſtredit Couſin le Prince de Conty , Princes , Ducs , Pairs & Officiers de noſtre Couronne , Prelats , Seigneurs , Gentils-hommes , Officiers , & gene-ralement tous autres de quelque qualité & condition qu'ils ſoient , ſans aucun excepter ny reſeruer , qui ſe trouueront auoir agy ou contribué en quelque ſorte que ce ſoit aux choſes cy-deſſus ſpecifiées , ſoient reſta-blis dans tous leurs biens , honneurs , dignitez , prééminences , preroga-tiues , charges , Gouuernemens , Offices & Benefices au meſme eſtat qu'ils ſe trouuoient au ſixiéme de Ianuier dernier , Meſmes les ſieurs Marquis de Noirmonſtier , Comte de Fieſque , de Laigue , Sainct Ibar , la Sauuetat & la Boulaye : Comme auſſi que tous ceux qui ont pris les armes à l'occaſion des preſens mouuemens , ſeront payez de toutes les ſommes qui leur ſeront legitimement par nous deuës , A la charge que noſtredit Couſin le Prince de Conty , autres Princes , Ducs , Pairs , Offi-ciers de noſtre Couronne , Prelats , Seigneurs , Gentilshommes , Officiers , Villes & Communautez , & tous autres qui ſe trouueront auoir agy & contribué aux choſes cy-deſſus , en quelque façon que ce ſoit , poſeront les armes , & ſe departiront de toutes Ligues , Aſſociations , Traitez faits pour raiſon des preſens mouuemens tant dedans que dehors noſtre Royaume.

III.

Les gens de guerre qui ont esté leuez soubs les ordres de nostredit Cousin le Prince de Conty, ou en vertu d'autres Commissions, seront licentiez incontinent apres la publication de la presente Declaration, à l'exception toutefois de ceux que nous voudrons retenir sur pied, aux Chefs desquels nous ferons donner nos Commissions.

IV.

Tous les prisonniers tant de guerre qu'autres, nommément le sieur Mangot Conseiller en nos Conseils, & Maistre des Requestes ordinaire de nostre Hostel, les Sieurs de Tracy & Brequigny, & generalement tous ceux qui ont esté arrestez & emprisonnez depuis le sixiéme Ianuier dernier à l'occasion des presens mouuemens, en quelque prison que se puisse estre, seront mis en liberté au iour de la publication de la presente Declaration.

V.

Et d'autant que les premiers deniers de nos Tailles & Fermes ne se reçoiuent qu'apres quatre ou cinq mois de chaque année commencée, & que la necessité pressante de nos affaires nous force à rechercher vn secours de deniers plus present, Nous ordonnons que pendant les années mil six cens quarante-neuf & mil six cens cinquante seulement, il pourra estre fait emprunt de douze millions de liures par chacune desdites années, si l'Estat de nos Finances le desire : Lesquels emprunts seront volontaires, sans qu'aucun de nos Subjets puisse estre contraint à le faire, & sans que les deniers qui en prouiendront puissent estre employez au remboursement des sommes qui sont deuës par nous pour les despenses du passé, ains seulement pour celles qui seront necessaires pour la manutention de l'Estat ; à l'emprunt desquels deniers seront preferées les Villes & Communautez de nostre Royaume, en donnant bonne & suffisante caution, de fournir en nostre Espargne les sommes aux termes dont l'on conviendra ; & sera payé pour ledit emprunt l'interest à raison du denier douze ; duquel en tant que de besoin, sera fait par nous don à ceux qui fourniront les sommes principales, sans que pour les emprunts dont le remboursement sera assigné sur les Receptes Generales, l'on puisse mettre les Tailles en party, ny en faire faire le recouurement par autres que par nos Officiers ordinaires.

VI.

Nous ordonnons que les Elections de Xaintes, Congnac, & Sainct Iean d'Angely, distraites de nostre Cour des Aydes de Paris, & attribuées à nostre Cour des Aydes de Guyenne, seront reünies à celle de Paris, comme elles estoient auparauant l'Edict du mois de

VII.

Considerans les foules & charges que nos Subjets de l'Eslection de Paris, ont souffertes par le logement & le sejour des troupes qui y sont, Nous pourvoirons au soulagement des contribuables aux Tailles de ladite Election, selon l'estat auquel elle se trouuera apres que lesdites

troupe

troupes en seront retirées, & ce sur les informations que nous en ferons faire pour cette fin, sans rejetter le soulagement que l'on donnera sur les autres Elections de la Generalité de Paris.

VIII.

Voulons & entendons que nostre Declaration du concernant la suppression du Semestre du Parlement de Provence, soit executée selon sa forme & teneur, aux conditions du Traité fait auec ladite Cour de Parlement.

IX.

Et ayant esgard aux Remoustrances qui nous ont esté faites par nostre Cour de Parlement de Roüen, sur le sujet de la suppression du Semestre estably en icelle, Nous auons par cesdites presentes esteint & supprimé, esteignons & supprimons ledit Semestre establi par nos Lettres en forme de Declaration du mois de   Et en consequence tous les Offices de Conseillers & Presidens créez par lesdites Declarations, sans qu'ores ny à l'aduenir pour quelque cause & occasion que se puisse estre, ledit Semestre, ensemble lesdits Offices puissent estre restablis, à la reserue neantmoins d'vn Office de President, & de treize Offices de Conseillers en nostredite Cour, & deux Offices aux Requestes du Palais d'icelle, que nous voulons estre conseruez pour estre reünis & incorporez au corps de nostredite Cour de Parlement, & estre exercez par ceux qui nous seront nommez & choisis par nostredite Cour, & aux mesmes honneurs, dignitez, preéminences, droits, priuileges & prerogatiues que les autres Officiers, & aux gages attribuez par leur Edict de creation. Et sera tenuë nostredite Cour de Parlement de Roüen, de faire le choix de ceux qu'elle iugera à propos de demeurer en la fonction desdites charges, & nous les nommer dans vn mois pour toutes prefixions & delays du iour de la publication des presentes en nostre Cour de Parlement de Roüen: Autrement & à faute de ce faire dans ledit temps, & iceluy passé, pourront selon l'ordre de leurs receptions les Officiers pourueus desdites charges de Presidens & Conseillers de la premiere creation, demeurer iusques audit nombre dans la fonction d'icelles, à la charge que ceux qui seront ainsi nommez par nostredite Cour, ou qui auront choisy, faute de faire par icelle ladite nomination, payeront en nostre Espargne; sçauoir le President soixante & dix mil liures, les treize Conseillers Lais trente mil liures chacun, & les deux Conseillers aux Requestes, vingt mil liures aussi chacun, pour estre lesdits deniers baillez & payez aux anciens Officiers qui demeureront supprimez: Et pour le surplus des sommes qu'il conuiendra pour pouruoir au remboursement des Offices qui demeureront supprimez, Il y sera par nous pourueu au plustost, sans que nostredite Cour de Parlement de Roüen en puisse estre chargée, ny ceux qui ont vendu lesdites Charges & Offices, recherchez ny inquietez, pour quelque cause & occasion que ce soit. Voulons et entendons que les Officiers qui seront ainsi supprimez, iouïssent des priuileges, preéminences & prerogatiues, que le temps qu'ils ont exercé lesdites

Cc

charges leur peut auoir acquis, & qu'en consequence ils puissent entrer en toutes autres charges, sans qu'ils soient obligez de subir nouuel examen; Iouïront aussi iusques à leur actuel remboursement sur leurs simples quittances, des gages attribuez ausdits Offices dont sera fait fonds dans nos Estats. SI DONNONS EN MANDEMENT à nos amez & feaux Conseillers les Gens tenans nosdites Cours de Parlement de Paris & de Roüen, Que nostre presente Declaration ils ayent à faire lire, publier & enregistrer, & le contenu en icelle garder & obseruer selon sa forme & teneur : CAR tel est nostre plaisir. Et afin que ce soit chose ferme & stable à tousjours, Nous auons fait mettre nostre seel à cesdites presentes. DONNE' à Sainct Germain en Laye au mois de Mars, l'an de grace mil six cens quarante-neuf, & de nostre le sixiéme. Signé, LOVIS : *Et plus bas*, Par le Roy, la Reyne Regente sa Mere presente, DE GVENEGAVD. Et seellée sur lacs de soye du grand Seau de cire verte.

Registrée, oüy & ce requerant le Procureur General du Roy, pour estre executée selon sa forme & teneur, & copies d'icelle enuoyées en tous les Bailliages & Seneschaussées de ce ressort, pour y estre leuë, publiée, registrée & executée à la diligence des Substituts dudit Procureur General, qui seront tenus certifier la Cour auoir ce faict au mois, & suiuant l'arresté de ce iour. A Paris en Parlement le premier iour d'Avril mil six cens quarante-neuf.

Signé, DVTILLET.

EXTRAICT DES REGISTRES
de Parlement.

CE jour la Cour, toutes les Chambres assemblées, Apres auoir veu les Lettres Patentes en forme de Declaration, données à Sainct Germain en Laye au mois de Mars dernier, signé LOVIS, & Par le Roy, la Reyne Regente sa Mere presente, De Guenegaud, & seellées en lacs de soye du grand Seau de cire verte, expediées sur les mouuemens presens & pour les faire cesser, ainsi que plus au long est porté par lesdites Lettres à la Cour adressantes, & les Conclusions du Procureur General; A ORDONNE' ET ORDONNE, Que ladite Declaration sera registrée au Greffe d'icelle, pour estre executée selon sa forme & teneur, & copies d'icelle enuoyées en tous les Bailliages & Senéchaussées de ce ressort, pour y estre leuë, publiée & executée à la diligence des Substituts dudit Procureur General, qui seront tenus certifier la Cour auoir ce fait au mois. FAIT en Parlement le premier iour d'Avril mil six cens quarante-neuf.

ET arresté qu'il sera rendu grace à Dieu, & le Roy & la Reyne Regente remerciez, de ce qu'il leur a pleu donner la Paix à leur Peuple;

Qu'à cette fin ſeront deputez des Preſidens & Conſeillers de ladite Cour
pour faire ledit remerciement, Et ſupplier ledit Seigneur Roy & ladite
Dame Reyne d'honorer la Ville de Paris de leur preſence, & d'y retourner: Comme auſſi feront inſtance pour les intereſts particuliers de
tous les Generaux. Et outre arreſté qu'il ſera donné ordre au licencie-
ment des Troupes.　　　　Signé,　　DV TILLET.

Leuës, publiées & regiſtrées en la Chambre des Comptes, oüy & ce requerant le Procureur General du Roy, pour avoir lieu & eſtre executées conformément aux Arreſts de ladite Chambre, intervenus ſur les Declarations
de ſa Maieſté des mois de May, Iuillet & Octobre derniers: Et que copies
de ladite Declaration ſeront envoyées aux Bureaux des Treſoriers de France,
pour y eſtre leuës & publiées. Les Semeſtres aſſemblez, le troiſiéme iour
d'Avril mil ſix cens quarante-neuf.　　Signé, BOVRLON.

Regiſtrées en la Cour des Aydes, oüy & ce requerant le Procureur General
du Roy, pour eſtre executées; Enſemble les autres Declarations y énoncées,
ſuivant & conformément aux anciennes Ordonnances, & modifications portées
par les Arreſts de verification d'icelles: Et ordonné que copies collationnées à
l'Original deſdites Lettres ſeront inceſſammens envoyées en tous les Sieges des
Eſlections & Greniers à Sel de ſon reſſort, pour y eſtre leuës & publiées à la
diligence des Subſtituts dudit Procureur General du Roy, qui ſeront tenus d'en
certifier la Cour au mois, ſuivant l'Arreſt d'icelle du iourd'huy. DONNE' à
Paris en ladite Cour des Aydes les Chambres aſſemblées, le troiſiéme iour
d'Avril mil ſix cens quarante-neuf.　　Signé, BOVCHER.

EXTRAICT DES REGISTRES
de la Cour des Aydes.

VEV par la Cour, les Chambres aſſemblées, les Lettres Patentes
du Roy en forme de Declaration, données à S. Germain en Laye
au mois de Mars dernier, ſigné LOVIS, Et plus bas, Par le
Roy, De Guenegaud, Et ſcellées en lacs de ſoye du grand Seau de cire
verte, expediées ſur les mouuemens preſens & pour les faire ceſſer, ainſi
qu'il eſt plus au long contenu eſdites Lettres à ladite Cour adreſſantes;
Concluſions du Procureur General du Roy, Et tout conſideré: LA
COVR A ordonné & ordonne, leſdites Lettres en forme de Declaration eſtre regiſtrées au Greffe d'icelle, pour eſtre executées; Enſemble
les autres Declarations y énoncées, ſuivant & conformément aux anciennes Ordonnances, & modifications portées par les Arreſts de verification d'icelles, & que coppies collationnées à l'Original deſdites
Lettres ſeront inceſſamment envoyées en tous les Sieges des Eſlections
& Greniers à Sel de ſon reſſort, pour y eſtre leuës & publiées à la dili-

gence des Subſtituts du Procureur General du Roy, qui feront tenus
d'en certifier la Cour au mois. F a i t à Paris en ladite Cour des Aydes,
le troiſiéme iour d'Avril mil ſix cens quarante-neuf.

L A Cour a arreſté qu'il ſera rendu grace à Dieu, & le Roy & la Reyne
Regente remerciez, de ce qu'il leur a pleû donner la Paix à leur
Peuple, Qu'à cette fin feront deputez des Preſidens & Conſeillers de
ladite Cour pour faire ledit remerciement, Et ſupplier ledit Seigneur
Roy & ladite Dame Reyne de retourner en ladite Ville de Paris, l'honorer
de leur preſence : Et pouruoir au ſoulagement des Villes, Bourgs &
Parroiſſes dépendantes d'autres Eſlections que celle de Paris, qui ont
ſouffert des pertes à cauſe des paſſages & logements des gens de guerre,
apres information & verification faite deſdites pertes.

Signé   BOVCHER.

Collationné aux Originaux par moy Conſeiller,
Secretaire du Roy & de ſes Finances.

I